片山又一郎著
Mataichiro Katayama

ドラッカーに学ぶマネジメント入門

マーケティング発想が
最高の成果をあげる

ダイヤモンド社

はじめに

「私のマネジメントとの関わりは、第二次大戦中、当時の最大最強の自動車メーカーGMでの調査に始まり、アメリカの大手鉄道会社と病院チェーンへのコンサルティング、カナダの政府機関再編への協力、日本の政府機関、企業への助言へと進んでいった」と、ピーター・F・ドラッカーは述べている。

そしてこれらの経験を通して、マネジメントには基本、原則があることを知ったといっているが、企業、政府機関、病院など、さまざまな対象の運営に共通して効果があり、しかも国境を超えて応用できるマネジメントなるものの基本、原則とは何であろうか。その前に、そもそも、彼のいうマネジメントとは、いったい何であろうか。

筆者はこれを明らかにするために、マーケティングの発想を活用してみようと考えた。その理由は、ドラッカーがマネジメントについて語るに当たって、「仕事のマーケティング」というコンセプトを採用していることを知ったからである。

彼が、「仕事のマーケティング」というコンセプトに直接ふれている著作は、筆者の知るかぎり、『明日を支配するもの』『ネクスト・ソサエティ』など数冊であり、それも半ページ程度である。しかしその考え方は、彼が現代のビジネスマンの仕事について語る場合、さまざまな著書に応用されている。

その主旨は、通常、マーケティングと呼ばれている製品・サービスのマーケティングの理念、考え方を仕事への取り組みに応用することによって、仕事をスムーズに進め、成果の拡大につなげようとするものである。目次を見ればおわかりのように、それはビジネスのあらゆる領域、場面に通用し、きわめて身近な日常について、多くの示唆をもたらしてくれるであろう。

本書は、ドラッカーの多数の著書のなかから、ビジネスマンの活動について語っているところを抜き出し、それを解説するとともに、そのすべてについて「仕事のマーケティング」という視点からあらためて検討を加え、提示することを目的としている。

ドラッカーは学者、経営コンサルタントであるとともに、かつてはビジネスマンだった体験も有している。その彼が、知識、経験を生かしながら、企業においてビジネスマンがどう考え、どう行動すべきかを語りかけているのであり、その内容は理論にとどまるものではなく、臨場感に富んだ迫力がある。

こうした語りかけを、読者がそれぞれ自分の置かれている状況を考えあわせながら受けとめてくだされば、必ずや得るところが多いと思われる。もちろん、本書についての評価は読者の領分であるが、ドラッカーの「仕事のマーケティング」というコンセプトを具体的に実務に生かしていただきたいというのが、筆者の願いである。

本書の性格上、一つひとつ注をつけるのは困難であり、省略させていただいた。大方の御寛恕をお願いしたい。執筆に当たって活用したドラッカーの著作は、巻末にまとめて掲げてある。出版に当たっては、ダイヤモンド社出版事業局第一編集部の中嶋秀喜氏のお世話になった。記して感謝したい。

平成一六年六月一五日

片山又一郎

ドラッカーに学ぶマネジメント入門■目次

PART 1 「仕事のマーケティング」とは何か

目　次

PART 2 習慣化すべき5つの能力

PART 3 パートナーシップの発想

PART 1

「仕事のマーケティング」とは何か

1 マーケティング志向
――マネジメントにおける顧客は誰か

❖仕事をマーケティングする

ドラッカーは、人をマネジメントすることは仕事をマーケティングすることを意味するという。「仕事のマーケティング」とは耳慣れない言葉であるが、要するに、企業において多くの人々と共に働き、成果をあげていくために、マーケティング・コンセプトを応用しようということである。

マーケティングとは簡単にいえば、顧客志向の理念のもとに、製品・サービスを生産者から顧客のもとへスムーズに送り届けることによって、顧客に満足を、企業に成果としての売上げ、利潤をもたらす活動であるが、これを日常の仕事を効果的に進めるために、どのように導入し、活用しようというのであろうか。

この点について彼の考え方を解説していくに当たって不可欠なのが、ドラッカーがマーケティングをどのように理解し、評価しているかを明らかにすることである。

❖企業の目的は顧客の創造である

彼は、マーケティングとは何かを説明するに当たって、企業の目的から説きはじめる。その目的はただ一つ、顧客の創造である。それは、顧客が欲求を感じるところに、それを満足させる手段を提供することによって可能となる。潜在需要を有効需要化することである。すでに存在しながら潜在化している欲求を、適切な商品・サービスの供給によって満足させることで、その存在を明らかにする。すなわち、売買を通して潜在需要を顕在化させることが、顧客の創造である。

顧客が創造されなければ、潜在需要はそのまま放置され、有効需要化しないわけだから、企業としては売上げが生じないことになり、消えていかざるをえない。唯一の目的を達成できなかったのだから、存在価値がなくなるのは当然である。成果をあげられなかった組織を待つのは消滅である。

したがって企業としては、その存続、発展を求めるならば顧客を創造しなければならない。そのためには潜在化している欲求を発見し、それを充足させると思われる製品・サービスを提示し、人々が購入し、消費し、利用することで満足してくれるよう働きかけていかなければならない。これがマーケティングである。

ここで注意したいのは、潜在している欲求が先行することである。まず潜在需要からスタートするのであり、すでに存在する具体的な製品・サービスをもって何らかの欲求を充足させようという話ではない。必要なのは潜在需要の発見であり、顧客を創造するためには、それがどのような欲求であるかを明らかにしなければならない。

それを充足してこそ企業の存続が許されるとすれば、当該企業の事業を性格づけるものは、充足させることができた欲求、つまり有効需要化した欲求である。具体的な製品・サービスによって決まるのではなく、顧客のどのような欲求を満足させたかによって決められるのである。

したがって、ある企業が〝何企業〟であるかを決めるのは、企業ではなく顧客である。これが顧客志向というマーケティングの基本理念である。マーケティングとは、いかにして潜在需要を有効需要化することによって顧客を創造していくかを考え、実行するプロセスであり、戦略である。

こうしたことを念頭に置いて、企業が意思決定し、行動することをマーケティング志向という。企業を性格づけ、その存在を支えるのはマーケティング志向であり、それを具体化したものがマーケティング活動である。ドラッカーは顧客が事業の土台であり、顧客が事業の存在を支えるというが、より正確には顧客の満足がそうであり、それを可能にするのがマーケティングである。

そこで以下、マーケティングについて、彼にそってもうすこし具体的にながめていくことにしよう。

❖ドラッカーが考えるマーケティングの理想

マーケティングは、これまで販売と混同して用いられる場合が少なくなかった。しかしこれは誤りである。販売はすでに存在する製品からスタートし、その市場を探し求める。その場合、「われわれの製品やサービスにできることはこれである」、だから「われわれはこれを売りたい」と企業は呼びかける。つまり、まず製品・サービスがあり、これにはこうした機能があり、われわれはこの機能をウリにする。ついては、この機能を誰か買わないか、というわけである。これは企業の立場を優先した一方的な呼びかけであり、一人よがりの販売促進的アプローチである。

一方、マーケティングは顧客の欲求、ニーズからスタートし、「顧客は何を買いたいか」を問い、明らかにする。この場合の「何を」は具体的な製品・サービスではなく、顧客の求めているソフトとしての満足であり、したがって企業は「顧客が価値を認め、必要とし、求めているこういう満足を充足させるために、これらの製品・サービスを提供することができる」と訴求するのである。主導権は顧客にあり、企業はあくまでそのおメガネにかなう満足を探り出し、それに応えることで製品・サービスが売れていくように配慮するのである。

その意味で、販売とマーケティングとはまったく逆の考え方である。さらにいえば、マーケティングの理想は販売を不要にすることである。マーケティングが、顧客を理解し、その欲求に製品・サービスを適合させることを目指すものであるとすると、それがスムーズに進めば、企業としては売り込む必要がなくなり、顧客はむしろ積極的に買ってくれるのである。

だからドラッカーは次のようにいう。企業が自ら生み出していると考えるものが重要なのではなく、顧客が買っていると考えるもの、価値と考えるものが重要である。事業が何であり、何を生み出すのかを規定し、事業が成功するか否かを決定するのは、それらのものである。

企業が自ら生み出していると考えるものは、具体的な製品やサービスである。しかし、それをもって自らの〝生産物〟ととらえるのは大きな間違いである。そこには、まったく顧客への関心はなく、自社が販売しているモノについての関心しかない。

重要なのは、顧客が買っているもの、価値を認めているものであり、それは具体的な製品・サービスを消費し、利用することによって享受している効用であり、満足である。企業とすれば、顧客が本当に買っているのはこれらのソフトであり、それを顧客が具体的に消費、利用できるようにするためには、どのような製品・サービスをつくり出し、提供すればよいのかを考えるべきなのである。

❖顧客の視点から自社の事業を規定する

このことはさらに、自社の事業を決定づけるうえでも重要である。ドラッカーは、次のような例をあげている。キャデラックをつくっている人たちは、自分たちは自動車をつくっており、事業の名前はゼネラルモーターズのキャデラック事業部であると答える。だがはたしてキャデラックに大枚のドルを支払う人は、車を交通手段として買っているのか、それともステータスシンボルとして買っているのだろうか。大恐慌の頃、キャデラック事業部の経営を任されたニコラス・ドレインシュタットは、「われわれの競争相手はダイヤモンドやミンクのコートだ。顧客が購入するのは、輸送手段ではなくステータスだ」といった。

破産寸前のキャデラック事業部を救ったのが、この答えだった。わが事業部はキャデラックという高級車を製造しているとする考え方は、重要でないどころか危険ですらあった。顧客が買っていると思っているもの、すなわち、ステータスシンボルを提供している事業として規定することこそ大切である。顧客の視点から事業を規定するならば、ダイヤやミンクのコートを販売する事業と何ら変わるところはない。このように、顧客志向、ひいてはマーケティング志向に立って考えるか否かが事業の死命を制するのである。

顧客志向であるためには、顧客を十分理解しなければならないが、その決め手があるわけではない。ドラッカーも次のようにいうだけである。顧客や市場を本当に知っているのはただ一人、顧客本人である。したがって、顧客に聞き、顧客を見、顧客の行動を理解してはじめて、顧客が誰であり、彼らが何を行ない、いかに買い、いかに使い、何を期待し、何に価値を見出しているかを知ることができるのである。

要するに、顧客に積極的に接近し、接触し、いわば肌を通して把握し、解釈する以外に顧客を本当に知る方法はないのである。そのために必要なのは、顧客との間に親密な関係を構築することである。それを強固で長期的なものにしていくためには、その関係を通して知り得た期待、価値観に適応しうる効用を有する製品・サービスを開発し、提供し、彼らに満足をもたらすことである。

❖企業の存続は顧客の満足で決まる

さらに、顧客は自分が求めるもの、必要とするもの、期待するものにしか関心をもたない。顧客の関心は常に、この製品あるいはこの企業が自分に何をしてくれるかにあるとドラッカーはいう。顧客は文字どおり王様であり、自己中心主義である。企業の本音をいえば、顧客は始末に困る存在かもしれない。気まぐれで、自分の立場のみを優先し、プラスがもたらされることだけを期待する。いい加減にしろ、勝手にしろといいたくなるかもしれない。

しかしそういえないのは、ドラッカーがいうように、財やサービスに支払いをすることによって、経済的な資源を富に変えるのは顧客だけだからである。前述のように、顧客不在であっては、潜在需要が顕在化し、有効需要化することによって売上げをもたらすことはありえない。単なるモノを売買の対象となる商品に変えることができるのは、唯一、対価を支払う能力を有している顧客のみである。言い換えれば、企業の存続を支え、その土台となってくれるのは顧客の満足だけである。

だからこそ、マーケティングが必要なのである。顧客が自ら求めるもの、必要とするもの、期待するものにしか関心を示さないとすれば、それを自己中心主義として批判するのではなく、それらのものが何であるかを徹底した顧客優先主義のもとに探索し、つきとめる。そしてその関心に応えることで、常にわが社は顧客のために行動し、奉仕する用意があることを事実をもって示すのである。

ここまで自己中心主義に付き合えば、顧客も当該企業を評価し、一方的な従属を求めるのではなく、自分の望みをかなえて満足をもたらしてくれるパートナーとして認識するようになる。そうなれば、顧客は当該企業の製品やサービスを選択し、それらに対して支払おうという気になる。そうした顧客の増大は売上げの拡充につながり、企業の土台はより強固なものになる。その意味では、顧客をパートナー化するためのマーケティング努力は、企業の存続、発展にとって最も重要な活動といえるであろう。

❖伝統的な管理論はもはや通用しない

これまで、マーケティングの考え方、働きについて述べてきたが、ここで「仕事のマーケティング」についてふれておこう。詳細な解釈と応用は後述するとして、差し当たり、ドラッカーは次のように述べている。

「人のマネジメントの仕方は、まったく同じではありえない。同じ種類の人たちでさえ、状況の変化によって、マネジメントの仕方が変わってこなければならない。従業員は、仕事上のパートナーとしてマネジメントしなければならない。パートナーシップの本質は対等性にある。命令と服従の関係ではない。パートナーに対しては理解を求めなければならない。

したがって、特にこれからは、人をマネジメントすることは仕事をマーケティングすることを意味するようになる。マーケティングの出発点は、組織が何を望むかではない。相手が何を望むか、相手にとっての価値は何か、目的は何か、成果は何かである。つまり、適用すべきはX理論でもY理論でもなく、いかなる管理論でもないということである。

そしてその目的は、「一人ひとりの人間の強みと知識を生産的たらしめること」である。

人のマネジメントといえば、労務管理論、人事管理論、近年では人的資源管理論など、〝管理〟という概念がつきまとう。そして管理には管理する者とされる者、すなわち管理者と被管理者がおり、命令と服従の関係が存在する。つまり、管理者が組織の論理にのっとって一方的に命令し、被管理者はひたすらそれに服従するという構図である。

だがドラッカーは、こうした関係は仕事のマーケティングという考え方に変わらなければならないという。仕事のマーケティングはドラッカーの造語であるが、これまで述べてきた製品・サービスについてのマーケティング発想を人に応用しようとするものである。そうすれば、伝統的な管理論はまったく過去のものとなる。

仕事のマーケティングにおける主役は、これまで被管理者とされてきた一般従業員である。これが顧客に相当するのであり、いわば〝従業員志向〟の発想が支配的となる。すでに述べたように、マーケティングは顧客の欲求からスタートし、彼が何に価値を認め、何を達成しようとしているかを明らかにし、その求めるところに従って満足を提供しようとするものであり、優先すべきは顧客の立場だった。

❖顧客と従業員の満足が企業の土台

したがって、従業員志向の仕事のマーケティングにおいては、従業員の希求からスタートし、彼が何に価値を認め、何を達成しようとしているか、いかなる成果を求めているかを明らかにし、それらを満足させることを通して仕事に積極的に取り組んでくれることを意図するものである。優先されるべきは、従業員の立場である。

しかし顧客がそうであったように、従業員もまた本来は自分が求めるもの、必要とするもの、期待するものにしか関心をよせず、常にいわゆる上司が、そして自分が勤務している企業が、自分に何かをしてくれるのを待っている存在である。伝統的な管理は命令と服従の関係を利用して、こうした動向を押え、上司または企業が望ましいとする方向へ向けてコントロールしてきたのである。

他方、仕事のマーケティングにおいては、彼らが求め、満足するモノは何かを把握し、その期待に沿うかたちで、上司、企業の側が動くのである。上司という言葉を使ってきたが、そこには上下関係はなく、彼は従業員が期待どおりの満足を得られるよう支援するパートナーであり、対等の立場で接する存在である。

企業の側がこうした姿勢で接すれば、自分の欲求を満足させてくれた相手に対して従業員が悪い感情をもつはずはなく、強制されるからではなく、自然に相手の立場も考え、共にコトに当たろうとするパートナーシップが発生する。そして強制されるよりもはるかに意欲的に仕事に取り組み、より大きな成果が実現されることになるであろう。

顧客の満足が企業存続のための土台であるのと同様、従業員の満足もまた企業の土台である。顧客に見放された企業に前途がないのと同様、従業員に離反された企業にも明日はない。そうだとすれば、意欲的、積極的に仕事に取り組んでくれる多くの従業員を擁することは、強力に支持してくれる多くの顧客を有することとならんで、企業の成長・発展を促す二大要素といえるであろう。製品・サービスのマーケティングはもちろんのこと、仕事のマーケティングが求められる理由がここにある。

2 マネジメントと仕事のマーケティング——仕事の論理と人の論理

❖マネジメントが果たすべき三つの役割

ドラッカーによれば、企業は社会の機関であり、それ自身のためではなく、その機能によって社会や個人のニーズを満たすために存在する。その意味では、企業は手段である。したがって企業を取り上げるに当たっては、それがどんな企業であるかは問題ではなく、どんな目的を果たすために存在しているのかを問うことが大切である。そしてその目的が社会や個人のニーズを満たすことにあるとすれば、企業はそうすることを使命とする組織ということになる。

企業をこうした組織として機能させるために不可欠なのが、マネジメントである。ドラッカーによれば、マネジメントは、企業がその目的を果たすに当たって三つの役割をもっているという。それは以下の如くであり、解説をまじえながら紹介しよう。

①企業の使命を果たす

マネジメントは企業が使命を果たすための存在であり、それは経済的成果をあげることを意味する。それこそが企業の存在理由であり、目的である。企業のマネジメントが自らの存在と権限を正当化できるのは、経済的な成果によってのみである。

経済的な成果を生むことができなければ、マネジメントは失敗であり、企業は失格である。具体的には、消費者が欲する製品・サービスを、彼らが進んで支払う価格で供給できなければ失敗である。さらに、企業のマネジメントは、自らに託された経営資源の生産力を向上させなければならず、これは利益をあげることについて責任を負うことを意味する。

ここで注目すべきは、マネジメントは経済的成果を生まなければならず、そのためには消費者が欲する製品・サービスを彼らが進んで支払う価格で提供できなければならないとしている点である。これは、企業が企業であるためにはマーケティングが必要であり、またその成功が不可欠であることを物語っている。さらに、企業の経営資源の一つは人であり、その生産性を向上させなければならないという点については、仕事のマーケティングがかかわってくる。

②企業で働く人を生かす

マネジメントは仕事を生産的なものにし、企業で働く人たちを生かす役割がある。経営資源としてはいくつかのものがあげられるが、ドラッカーは、ここでは真の経営資源は人であるとする。企業が成果をあげようとすれば、人的資源の生産性の向上は不可欠であり、それはとりもなおさず仕事の生産性をアップさせることだという。また、現代社会において、企業こそ人間にとって、生計の資を得、社会的な地位を獲得し、コミュニティの一員となり、自己実現と生きがいを得るための手段である。その意味で、今日、働く人たちを生かすことは特に重要な意味をもつ。

さらに、彼は次のように続けるが、これは、仕事のマーケティングと強いかかわりをもつ部分である。

仕事を仕事の論理に従って編成することは、最初の段階にすぎない。むずかしいのは、次の段階である。仕事を人に合わせることである。人の論理は、仕事の論理とは著しく異なる。人を生かすには一人ひとりの人間を、独自の特性、能力、限界をもち、独自の行動様式を有する生きた存在としてとらえなければならない。

仕事の論理とは企業の立場を優先し、人を仕事に合わせることである。これには当然無理があり、従業員の不満を招くことになるが、それを命令と服従の関係によって押さえつけてきたのが伝統的な管理である。働く人を生かすという視点からすれば対極にあるやり方であり、仕事の生産性の向上など望むべくもない。

これに対して、正反対の観点に立つのが人の論理であり、従業員の立場を優先し、仕事を人に合わせるのである。そのためには、一人ひとりについて独自の特性を見出し、こうした人間であればこういう仕事に向いているだろうという判断のもとに、担当を決めていくのである。はじめに仕事ありきではなく、一人ひとりの生きた人間としての従業員が存在し、その個性に仕事の種類、内容を適合させていくのである。

そうなってはじめて、個々の従業員は企業を自己実現と生きがいを得る場と考え、仕事の生産性がアップすることになる。つまり、働く人たちを生かし、仕事を生産的なものにするために、仕事のマーケティングが大きく貢献するのである。

③社会的責任を果たす

マネジメントには、自社が社会に及ぼす影響を処理するとともに、社会の抱える問題の解決に貢献する役割があるが、この責任については、本書のテーマとの関係が希薄なので説明を省略することにしたい。

❖効果的なマネジメントに必要なもの

さて、話は前後するかもしれないが、ドラッカーがマネジメントをどのようなものとして理解しているかについて、本書のテーマと関連する部分だけを取り上げて解説していこう。

第一に、マネジメントとは人にかかわることであり、その機能は、人が共同して成果をあげることを可能とし、人の強みを発揮させ、弱みを無意味なものにすることである。これこそ企業の目的である。人々が共同して成果をあげるためには、人間関係を良好なものにし、互いに相手の立場を尊重し、思いやる必要がある。ここに、仕事のマーケティングの発想が生かされる。

つまり、自分の立場のみに固執し、「オレが、オレが」では共同の成果など望むべくもない。相手の立場を尊重し、思いやり、その能力をいかに最大限に引き出せば成果につながるかを考える。そしてそのためには、自分がどのような役割を演じ、接触を維持していくことが、共同の成果をより大きくすることにつながるかを考えて行動するのである。

相手を思いやるというのは、彼の価値観、行動パターンなどを理解し、強みを十分発揮させ、弱みは当方でカバーし、支援してやることである。そうした思いやりが相手に通じたとき、彼もまた同様の〝お返し〟をしてくれるのであり、そこにパートナーシップが形成され、成果の拡大に貢献する。

また、今日、多くの人々は企業に籍を置いており、彼らの生計はそのマネジメントの巧拙にかかっている。社会に貢献するにしても、個人の技能、献身、努力だけでは限界があり、所属する企業のマネジメント如何にかかっている。この場合、効果的なマネジメントを行なうために有用なのが、仕事のマーケティングである。すなわち、個人の技能、献身、努力だけではできることは限られており、企業という一つの組織のもとにこれらを結集することによって、はじめて成果が期待され、企業に働く人々の生計も豊かなものになるのである。

この場合、個人の技能、献身、努力というが、その個人は一人ひとり異なった考え方や価値観をもっている。したがって、それらを結集するといっても、それは実際には異質の個々人の行動の共同化をはかることにほかならない。それを可能にするのが、相手の立場を理解し、尊重することでパートナーとしての関係をつくり上げ、その関係を生かして成果を求める仕事のマーケティングである。とすれば、ここでいうマネジメントが効果的に行なわれるかどうかは、仕事のマーケティングが効果的に行なわれるかどうかにかかっているのである。

❖全社共通の価値観と目標をもつ

第二に、企業は従業員に対し、仕事について共通の価値観と目標をもつことを要求する。それなくして、そもそも企業という組織は成立しえない。単に人の群れがあるだけである。したがって、企業は人々を結集できる単純明快な目的をもたなければならない。そこから、従業員一人ひとりが共通の価値観をもつことができるものでなければならない。

もちろん企業目的から出てくる目標も明確でなければならない。周知徹底し、常時確認しなければならない。マネジメントの責務は、これらの目的、価値観、目標について検討し、決定し、従業員に示すことである。

企業が従業員に対して共通の価値観と目的をもつことを要求する場合、往々にして押しつけの関係、つまり命令と服従の関係を適用しようとする。しかし、これでは決して目的は共通のものとはならない。ドラッカーの言葉を借りれば、依然として人の群れが存在するだけである。

重要なのは、目的は従業員一人ひとりが共通してもちうるものでなければならないことであり、共通の価値観は決して命令と服従の関係からは生まれないことである。かといって個々人の価値観は人それぞれだから、それを共通化するための〝働きかけ〟がなければならない。

それにはまず、個々人の価値観を尊重することが大切であり、それを頭から否定して企業の意図する目的へと変換させようとするのではなく、企業が求める成果を明確にし、その成果が実現されたとき、個々人の生計、生活がどれだけ豊かで意義あるものになっているかについて理解を得る試みをしなければならない。

そうした成果を得るためには、こうした価値観のもとで仕事に取り組むことが大切ではないかと語りかけ、個々人にそれぞれの価値観があるのは当然だが、企業の従業員である以上、こうした価値観・目標を共有して大きな成果をあげ、それを分かち合うことで全員が満足を得るのが、結局は個々人をうるおすことになるのではないか。

したがって、価値観・目標を共有し、命令と服従の関係ではなく、パートナーシップのもとで仕事に一緒に取り組んでいこうではないかと、仕事のマーケティングの発想のもとで提案し、納得を求めるのである。

❖訓練と啓発に終わりはない

第三に、マネジメントは、企業と従業員を成長させなければならない。企業は学習と教育のための機関である。どの階層でも、訓練と啓発の仕組みが確立していなければならない。訓練と啓発に終わりはない。

企業が従業員からなる共同体である以上、企業を成長させようとすれば、彼らを成長させるための教育は不可欠である。その場合、目的は共同して成果をあげることに置かなければならない。もちろん、個々の従業員の能力をアップさせることも必要ではあるが、これも前述のように、企業の成長は個々人の能力がアップしただけで可能になるものではない。となれば、教育の第一の目的は、パートナーシップのもとに成果をあげることに置かなければならない。

個々人の能力アップは悪いことではないが、一つ間違うと個々人の能力格差が顕著になり、パートナーシップの形成にとって障害になる場合がある。したがって、まず共同体としてのパートナーシップの形成につながる教育を行ない、それが全従業員に浸透したうえで、個々人の能力アップにかかるべきである。優先すべきは、仕事のマーケティングである。

❖意思の疎通と個人の責任の確立

第四に、企業は異なる仕事をこなす異なる技能と知識をもつ人たちから成る。したがって、そこには意思の疎通と個人の責任が確立していなければならない。企業の従業員すべてが自分の目標についてよく考え、皆がそれを理解しているかを確かめなければならない。同時に、自分が他の人たちのおかげを蒙っていることを理解し、そのことを皆が理解しているかを確かめなければならない。

このことは、マネジメントと仕事のマーケティングとのかかわりが最も顕著にあらわれている部分である。従業員の間に意思の疎通と個人の責任が確立していなければならないのは、企業が異なる技術と知識をもつ個々人から成る共同体として行動し、活動するためにはそれが不可欠だからである。

企業は、異なる技術や知識をもつ人々が仕事を通して協働することによってはじめて成立し、稼働する組織である。協働するためには、個々人が自分の仕事に責任をもつとともに、意思が通い合っていることが必要である。それは、互いに相手の立場を理解し、尊重していることである。

さらに、自分の目標について他の人たちに理解を求めると同時に、自分も他の人のおかげを蒙っていることを理解しなければならない。すなわち企業という共同体に籍を置くかぎり、全員が互いに持ちつ持たれつの関係にあることを理解する必要がある。そうなってはじめて、仕事を通しての相互理解と協働が進むのである。つまり相手をパートナーと認め、パートナーシップを機軸とした一連の異なった仕事の連鎖が可能になるのである。

3 X理論・Y理論と仕事のマーケティング――対等の関係が基本

❖人間の性向をどう見るか

ドラッカーは、仕事のマーケティングというコンセプトを明確に定義しているわけではない。ただ前述のように、一つの定説となっているダグラス・マクレガーのX理論・Y理論を批判し、それに代わるものとして仕事のマーケティングを提唱しているように思われる。

そこで本章では、その部分をもう一度引用し、X理論・Y理論についてドラッカーの批判をまじえながら解説し、仕事のマーケティングのグランドデザインを描いてみたい。

「人のマネジメントの仕方は、まったく同じではない。同じ種類の人たちでさえ、状況の変化によって、マネジメントの仕方が変わってこなければならない。従業員は、仕事上のパートナーとしてマネジメントしなければならない。パートナーシップの本質は対等性にある。命令と服従の関係ではない。パートナーに対しては理解を求めなければならない。

したがって、特にこれからは、人をマネジメントすることは、仕事をマーケティングすることを意味するようになる。マーケティングの出発点は、組織が何を望むかではない。相手が何を望むか、相手にとっての価値は何か、目的は何か、成果は何かである。つまり、適用すべきはX理論でもY理論でもなく、いかなる管理論でもない。

その目的は、「一人ひとりの人間の強みと知識を生産的たらしめること」である。

❖X理論——普通の人間は生来仕事が嫌いである

では、まずD・マクレガーのX理論・Y理論の概要をみてみよう（高橋達男訳『企業の人間的側面』産業能率大学出版部）。

X理論は、従業員について次のような考え方を前提としている。

①普通の人間は生来仕事が嫌いで、できるだけ仕事はしたくないと思っている。だからマネジメントとすれば、こうした性向にさからわねばならないものと信じている。

②仕事は嫌いだという人間の特性があるために、たいていの人間は強制されたり、統制されたり、命令されたり、処罰するぞとおどされたりしなければ、企業目標の達成のために十分な力を出さないものである。仕事が嫌いだという特性は非常に強いので、仕事をすれば褒美をやるというだけでは次第に効き目がなくなり、罰するぞとおどしをかけて、はじめて目標を達成するようになる。

③普通の人間は命令されるほうが好きで、責任を回避したがり、あまり野心をもたず、何より

もまず安全を望んでいる。つまり大衆は凡庸であり、温情主義をもって報いてやらなければならない。

こうした従業員にやる気を起こさせようとするならば、「アメとムチ」による命令と統制が必要である。しかしアメとムチは、従業員が一応の生活水準に達し、生理的欲求、安全に対する欲求より高次元の欲求がやる気を起こす原動力となったときには、まったく効き目を失ってしまう。

❖Y理論——条件次第で仕事は満足感の源になる

そこで、従業員個々人の目標と企業目標との統合を目指す、次のようなY理論が登場し、支持されることになる。

①仕事で心身を使うのはごく当たり前のことであり、遊びや休憩の場合と変わりない。普通の人間は生来仕事が嫌いなわけではない。条件次第で（これは操作可能である）仕事は満足感の源にもなり（したがって自発的に仕事をする）、逆に懲罰の源とも受け取られる（したがって、できるだけ避けようとする）。

②外から統制したりおどかしたりすることだけが、企業目標達成に努力させる手段ではない。人は自ら身を委ねた目標のためには、自らに鞭打って働くものである。

③献身的に目標達成につくすかどうかは、それを達成して得る報酬次第である。報酬の最も重要なものは、自我の欲求や自己実現の欲求の満足であるが、企業目標に向かって努力すれば、直ちにこの最も重要な報酬にありつける可能性がある。

④普通の人間は、条件次第では責任を引き受けるばかりか、自ら進んで責任をとろうとする。責任回避、無欲、安全第一というのは、たいていは体験にもとづいてそうなるのであって、人間本来の性質ではない。

⑤企業内の問題を解決しようと比較的高度な想像力を駆使し、手練をつくし、創意工夫をこらす能力は、たいていの人に備わっているものであり、一部の人だけのものではない。

経営者が戦略をたてるうえで、この考え方はX理論とはきわめて異なった意味をもっている。つまり、静的ではなく動的なのである。Y理論は人間が成長し発展する可能性があること、統制には唯一絶対のかたちはなく、その場その場に即応したやり方をとる必要があることを強調する。

なかんずく、企業内の人間がうまく協調できないのは、人間性がもともとそうしたものだというのではなく、その人間のもつ能力を引き出す手腕が経営者にないからだとY理論は指摘する。X理論では会社の業績があがらないと、経営者は簡単にこじつけて、それをいっしょに働く人間の性格のせいにしてしまう。

それに対してY理論は、この問題をすべて経営者のせいにする。もしも従業員が怠けていて、無関心で、責任をとりたがらず、かたくなで、創意工夫がなく、非協力的であるとしたら、その原因は経営者の組織づくりのやり方や統制方法にあることになる。

X理論による組織づくりの中心原則は、権限行使による命令と統制である。いわゆる「階層原則」である。一方、Y理論によれば「統合の原則」ということになる。つまり従業員が企業の繁栄のために努力することによって、各自の目標を最高に成し遂げられるような条件をつくってやることである。

❖従業員の心理的支配は許されない

さて、ドラッカーである。彼はマクレガーが、これからの人と労働についてのあり方はY理論によるべきだと示唆しているとしたうえで、それを次のように批判する。

産業心理学はY理論への忠誠を表明する。彼らは自己実現、創造性、あるいは人格という術語を使用する。しかし、彼らが述べている内容は心理操作による支配である。それは彼らがX理論の前提になっているものを基本としているからである。

つまり、人間は弱く、病み、自己の面倒を見られない。人間の心は恐れ、不安、抑制に満ちている。自己実現ではなく、失敗を欲している。したがって、人間は支配されたいと思っている。実際、自分自身のために支配されなければならない。それは飢えという恐怖や物質的報酬という誘因からではなく、心理的疎外感という恐怖や心理的安定感という誘因によって支配されねばならない。

Y理論によるアプローチは、すべて次のような同じ結論に達している。「上司」たる経営者による心理的支配は可能であり、そうした支配は「利己的でなく」、従業員自身の利益になっている。しかし、経営者は部下の従業員の心理的召使になることによって、彼らの「ボス」としての支配力を維持する。

これこそ「啓蒙された」方法であり、それにくらべると旧来の「アメとムチ」の方法は、まったく強制的であると非難されるかもしれない。しかし、この啓蒙された方法も「専制主義」であることに変わりはない。

この新しい心理学的な方法では、「命令」の代わりに「説得」を用いる。しかしおそらく「病気」「未熟」「精神的療法を加えて調整する必要あり」などとみなされよう。また、金銭的報酬というエサにかわって、「心理操作」を用いる。そして処罰や失職という「恐怖」に代わって「共感」を用いる。つまり、部下の個人的恐怖、心配、性格上の欲求を利用する。

仕事のうえでの人間関係は、互いの尊敬に基礎を置いたものでなければならない。

これに対して心理的支配は根本的に人をばかにしたものであって、この点では伝統的な「X理論」以上である。心理的支配は、人を怠惰で仕事を嫌う存在とは想定していないが、経営者だけは健康で、他の者はすべて病気だと想定している。経営者だけは強く、他のすべては弱いと想定している。経営者だけが知識をもち、他の者はすべて無知だと想定している。経営者だけは正しく、他の者はすべてばかだと想定している。これらはまさにばかげた傲慢な想定である。

それでは、何が有効なのか。それはＹ理論ではない。従業員は機会さえ与えられたら、仕事の成果をあげるべく働くなどと想定することはできない。強くて健康な従業員でも、責任という重荷を受け入れさせるには多くのものが必要である。もちろん、従業員を追い立てることに依存することはできない。アメにもムチにも依存できなくなっているからである。しかも、Ｘ理論における命令と保護による安定に代わるべきものを与えなければならない。

❖なぜＹ理論ではだめなのか

ドラッカーのＹ理論に対する批判は、おおよそ次のように理解すべきではなかろうか。Ｘ理論による「アメとムチ」による従業員への命令と統制が、生理的欲求、安全欲求という次元の欲求が充足されることによって効き目がなくなってきたために、Ｙ理論は自我の欲求、自己実現の欲求といったより高い次元の欲求を活用することにしたのであって、それは依然として経営者が命令し、従業員が従属を強いられるといった階層の原則であることに変わりはない。

Ｙ理論が想定している従業員も、実のところ上からの強力な働きかけなしには仕事をしないＸ理論が想定する人間と同じであり、したがって命令と従属の関係は生きている。ただＹ理論においては、アメとムチがX理論のような直接的、具体的なものではなく、心理的な性格をもつようになったので、一見、おだやかでもっともらしく思えるようになっただけであり、その実、よりシビアになっている。それは、経営者のいうところに従えば心理的安定感というアメをくれるが、従属しなければ心理的疎外感というムチを味わせようという心理的操作である。したがって、相変わらず大衆としての従業員は、自分の身を経営者の支配下に委ねざるをえないのである。

Y理論は上司たる経営者は従業員の欲求を優先することによって、彼らに利益をもたらすことを第一に考えるとしている。しかし、経営者は実は従業員の欲求を満たしてやることと引き換えに従属を要求しているのであり、従業員の立場を優先しているように見えるかもしれないが、経営者優位の支配と従属の関係が変わることはないのである。

したがってY理論においては、いかにも従業員が自主的に個々の目標と企業の目標とを統合させるように述べられているが、実際には心理的操作によってコントロールされ、支配と従属の関係のもとに統合するよう強制されており、この点において伝統的なX理論と変わるところはない。

また、Y理論は経営者と従業員とを大きく差別している。経営者が健康で、強く、知識にあふれ、すべてについて正しい存在であるのに対して、従業員は病気がちで、弱く、無知で、ばかな存在として想定している。仕事のうえではすべての人々が対等であり、互いに理解し合うべきことを主張するドラッカーにとって、このような仮定を設定することこそばかげているのである。しかしこの仮定は、支配と従属の関係を肯定する有力な根拠となっている。

一方では、Y理論は経営者に大きな責任をもたせている。企業の人間関係がうまくいっていないとすれば、それは経営者の責任だとする。もしも従業員が怠けており、仕事に無関心で、責任逃れをし、かたくなで、創意工夫に乏しく、企業の目的を達成するのに非協力的であるとすれば、それは経営者の統制の仕方に問題があるとする。だからこそ、経営者は心理的コントロールを活用することによって、徹底的に従業員を管理しようとするのである。

❖マネジメントの基本は対等の関係にある

ドラッカーによるこのマクレガーのY理論批判が正しいという保証はない。しかし彼としては、労務管理の定説の一つとして多くの支持を受けている理論を完膚なきまでに批判した以上、それに代わるマネジメント理論を用意しなければならない。それが仕事のマーケティングではなかろうか。

人のマネジメントについての彼の基本的な考え方は、経営者にとって、また〝上司〟にとって、一般の従業員は仕事に関してはパートナーであり、対等の関係にあるというものである。対等の関係とは、命令と服従の関係によって従業員をコントロールするのではなく、マネジメントが理解を求めるかたちで行なわなければならない。つまり従業員の立場が優先されるのであり、いわば〝従業員志向〟の考え方のもとに、彼らが理解し行動してくれるようアプローチするのである。

製品・サービスのマーケティングにおいて、既存の製品・サービスを顧客に売りつけるのではなく、顧客の欲求ありきからスタートするのと同様、まずやるべき仕事があり、それを従業員の誰かに一方的に担当させるのではなく、彼がどんな仕事をしたがっているのかを明らかにし、それを彼のために用意するのである。

しかし現実には、ここまで〝自由〟を認めていたら共同体としての企業は成り立たないだろうし、他方、従業員の側も、さし当たってやってみたい仕事が思いつかないということも少なくないだろう。

だから〝上司〟は、いくつか用意された仕事のなかで彼が最も効果的に遂行することで満足するであろう仕事を、相手の立場を尊重しながら一緒に探求するのである。そこにあるのは押しつけではなく、彼自身が納得して取り組み、それがまた成果と満足につながる仕事を得るための支援である。そして彼の仕事が決まったならば、仕事上のパートナーとしてかかわり、また自分の仕事についてもパートナーとして彼の支援を受けるのである。

〝上司〟の一方的な関与は、命令と服従の関係になってしまう危険がある。だからこそ〝上司〟も、彼が〝相棒〟として自分の仕事にかかわってくれるよう働きかけ、そしてそれが彼だけではなく自分のためにもなり、協働してより大きな成果を実現しうるよう配慮するのである。

つまり、企業の立場から従業員にどういう仕事を割り振るかではなく、個々人が自分を生かし、成果をあげられると考える仕事に優先してつけるよう支援するのである。もちろん、最も大切なのは、企業としての成果の極大化である。そのためには、これらの仕事をどのようなかたちで組み合わせ、関連づけていくのが最適であるかを決定する。そのうえで、それぞれの仕事を誰が担当するのが最も適任かを検討し、担当者を決め、活動することによって、企業全体が成果の極大化へ向けて動いていくのである。

そして仕事が動き出したら、彼の仕事はもちろん、それとの関連で〝上司〟たる自分の仕事もスムーズに展開していくようパートナーとして互いに支援し、いわゆるコラボレーションによって最大の成果があがるよう連携していくのである。

これが、人をマネジメントすることは仕事をマーケティングすることの意味であり、そこには、ドラッカーのいう対等性を本質とするパートナーシップが機軸となって作動しているのである。

4

仕事——個々の活動がひとつとなって成果をあげる

❖共通の目標に貢献するために

ドラッカーは、企業は一人ひとりの人間の働きを一つにまとめて共同の働きにするという。では、この一人ひとりの人間の働きが仕事かというと、そうではない。それらがまとめられ、協働のかたちをとり、共同体としての企業の働きとなって、はじめて個々の活動は仕事になるのである。つまり、それは企業に働く者が共通の目標のために貢献することであり、ただ企業のなかにあって、自分勝手に動いているだけでは仕事とはいえないのである。

ドラッカーは、共通の目標に貢献するためには、その活動は隙間なく、摩擦なく、重複なく一つの全体を生み出すように統合されなければならないという。企業が共通の目標と成果の達成を目指す組織である以上、これは当然であるが、留意すべきは、そうした活動を行なうのは、個々の人間であり、従業員だということである。

命令と服従の関係によって強力に統合させるのはドラッカーの最も嫌うところであり、ここに仕事のマーケティングの発想が活用されることになる。一つの全体を生み出すために、従業員の立場を尊重し、統合を目指して構成された活動の一つひとつについて、彼らの意思と特性を生かすかたちで取り組みを進めていくのである。強制ではなく、対等の関係のもとにそれぞれの理解を引き出しながら、担当を決めていくのである。

その結果、従業員の一人ひとりが、それぞれの活動を自分のものと認識して行動するならば、それらはパートナーシップを機軸として、隙間なく、摩擦なく、重複のない組織的行動として統合されるのであり、ここにおいて個々人の活動は仕事となるのである。

ドラッカーは、企業が成果をあげるためには、一つひとつの仕事は事業全体の目標に分けられ、全体の成功に焦点を合わせなければならないという。仕事のマーケティングは〝従業員志向〟であるが、それは一人ひとりが思うがままに振る舞ってよいということではない。企業の従業員として、つまり組織の一員として、その組織が共通の目標に向けて動くに当たって、どういうかたちで参加していくかについて納得づくで役割を分担していこうということである。つまり、仕事をしていこうというわけである。

したがって、理解を求めるに当たっても、個々の仕事が企業全体の目標に適合し、成功につながるために、個々人がどう考え、行動すべきかという前提が当然ながら存在する。そのうえで自分が担当したいと思い、他方、〝上司〟から見ても当人の適性や能力を生かすことになると思われる仕事をパートナーシップにもとづいて求め、決定していこうということである。

❖事業の目標が自分に何を求めているのかを問う

これを従業員の立場からすれば、彼らは事業の目標が自分の仕事に対して求めているものを知り、理解しなければならないとドラッカーはいう。これは上述のことからすれば当然である。ただ企業のなかにあって動いているだけでは仕事とはいえないし、仕事をしようとするならば、企業の目標とのかかわりを考え、行動しなければならない。

それには、企業の目標をはっきりと認識し、それに貢献するには自分の価値観、特性、能力などを考えて何ができるかという視点から〝上司〟と仕事について対話する必要がある。単にある行動が好きだから、面白そうだからやってみたいというのでは、仕事をしていることにはならない。それは、仕事のマーケティングのはき違いである。

これは〝上司〟にもいえることである。企業の目標とのかかわりで、従業員に求め、期待する貢献をいくつかの活動として、またその連鎖として具体化し、そのうえで個々の従業員がどれを希望するか、またそれが彼に適しているかを対等の立場で話し合い、彼にとって仕事となるよう支援していくのである。〝上司〟としても企業の目的という前提がなければ、従業員の価値観、特性、能力などを生かすかたちで対話しようとしても無理である。仕事のマーケティングを実行することができないのである。

これらのことが行なわれないならば、従業員の働きは無駄になる。仕事にならないのである。チームワークの代わりに、摩擦、不満、対立が生まれるだけである。企業に働く者は、共通の目標に向けて自動的に方向づけされるわけではない、とドラッカーはいう。
仕事のマーケティングが対等の関係にもとづくパートナーシップを本質とするのは、命令と服従の関係が摩擦、不満、対立という状況を生み出すのを回避するためである。そのために共通の目標を用意し、従業員に認知させ、それを前提に彼の立場を優先するかたちで仕事となるべき活動を〝上司〟と一緒に考え、納得したうえで、それぞれが特定の活動を自分のものとして取り組み、また協働していこうというわけである。

❖一流の仕事とは何か

ドラッカーはまた、人とマネジメントのかかわりについてよく使われる、三人の石工の話を引用している。「何をしているのか」と聞かれた三人の石工のうち、最初の一人は「これで食べている」と答え、二人目は「国で一番の仕事をしている」と答え、三人目は「教会を建てている」と答えた。最も理想的な石工は三人目であり、この点はドラッカーも同様なのだが、問題は第二の男だという。その理由は以下の如くである。

いかなる企業も、その従業員が最高の腕を発揮することを望む。しかし一流といわれる専門家はえてして、自分の腕を振い、優れた活動をしていることを何か大変立派なことを成し遂げていると思い込む危険がある。二人目の石工が「国で一番の仕事をしている」と答えたのは、技術的には優れているかもしれないが、教会を建てるという目標とは関係なしに、自分の腕だけを誇りにしているおそれがある。実はそれは、教会を建てるという目標からすれば、ほんのささいなことかもしれないのである。一流の専門的活動は重視しなければならないが、それは全体のニーズと関連づけて、はじめて高く評価されるものである。つまり、一流の仕事をしているといえるのである。

今後、従業員はますます高い能力水準が要求される。したがって、個々人の職能や専門性が問題にされる傾向はさらに強くなる。ただし、そうした職能・専門性は他の関連部門との緊密な協力を必要とする。なぜかといえば、事業を全体からながめ、この場合、自分に何が求められているかを理解したうえで、仕事にとりかかることが要求されるからである。すなわち、新しい職能や専門性について、個々の従業員が自己の能力をアップさせるよう努力することは大切であるが、その個人の能力は、企業の共通の目標に向けて方向づけられることが不可欠である。

❖チームワークの成果を重視する

ある従業員が自ら納得して取り組める活動につき、その能力のアップを自発的に志向して結果を出し、当人も大いに満足しているのは、従業員のマネジメントという点からみて理想的に思えるかもしれない。たしかに、それは悪いことではない。しかし、それだけでは仕事をしているとはいいがたい。

彼の能力の卓越性や意欲が高く評価されるのは、それが他の活動と緊密に結合し、企業目標の達成に大きく貢献した場合である。それがなければ単なる一人よがりであり、仕事ではない。したがって、仕事のマーケティングはこうした危険を避けるために、パートナーシップを強調するのである。

ドラッカーはさらに、以下のようにいう。社長をはじめ従業員全員が明確な目標をもつ必要がある。それらの目標とは、自分の部門が生み出すべき成果を明らかにすることである。他部門の目標達成を助けるために、自分や自分の部門が期待されている貢献を明らかにしなければならない。そして、自分や自分の部門の目標を達成するうえで、他部門にいかなる貢献を期待しているかを明らかにしなければならない。言い換えれば、最初の段階から、チームワークとチームの成果を重視しなければならない。もちろんその目標は、企業全体の目標から導かれなければならない。

チームワークの成果を重視しなければならないということは、とりもなおさず個々の従業員が互いに仕事上のパートナーとして位置づけられるべきであることを意味している。支援してやる、自分についてくればよいという関係からはパートナーシップは生まれないし、あくまで対等な関係のもとに形成されるものである。

さらに、何のためにパートナーシップが形成されるかの目標も不可欠である。その目標は具体的にはさまざまであり、したがって形成されるパートナーシップもさまざまなかたちをとるであろうが、それが企業における仕事に関してのパートナーシップである以上、究極的には共同体としての企業全体の目標に総括されていくものである。互いに相手の立場を尊重し合うという対等性を基本に、自分の担当すべき役割を明確にしていこうとする仕事のマーケティングにおいても、ここに目標を置かなければならない。

5 成果——成果をあげることは、ひとつの習慣である

❖成果をあげる人の共通点

ドラッカーはいう。企業に働く者は成果をあげることを期待される。それにもかかわらず、大きな成果をあげている者は少ない。知力、想像力、知識があるにもかかわらずである。そうなると、これらの要素と成果をあげることとの間にはほとんど関係がないということになる。これらはあくまで基礎的な資質であって、これらを成果に結びつけるためには、成果をあげるための能力が必要である。

では、成果をあげるための能力が修得できるものであるとすれば、どうすればよいのか。彼はコンサルタントとしての経験から、以下のようにいう。成果をあげる人に共通しているのは、自分の能力や存在を成果に結びつけようとする習慣をもっていることである。知識や勤勉さや想像力がいかに優れていようと、そのような習慣的な力に欠ける人は成果をあげることはできない。言い換えれば、成果をあげることは一つの習慣であり、習慣的な能力の集積である。

習慣的な能力は、常に修得に努めることが必要である。習慣的な能力はあきれるほど単純である。子供でも理解できる。掛け算の九九を習ったときのように、練習による修得が必要になるだけである。「六、六、三六」が何も考えずにいえる条件反射として身につけなければならない。習慣になるまで、いやになるほど反復しなければならない。

❖成果をあげるための五つの要素

成果をあげるための能力は修得できるといわれて、読者はどうすればよいのかと大いに関心をそそられたかもしれない。しかしドラッカーの答えは、自分の能力や存在を成果に結びつけることを習慣にするという、一見、平凡で単純なものである。

しかしそれは、実際には彼のいうほど簡単に身につくものではない。なぜなら、そうした能力を自分のものにするには、行動を起こしたら必ず成果に結びつけるということが条件反射のようになっていなければならない。それが習慣になるということであり、そのためにはいやになるほどの反復が不可欠となる。

たしかに、反復することは単純かもしれない。しかし単純であるからこそ、多くの人はそうした繰り返しに耐えられないのではなかろうか。子供でもできるというが、子供だからこそ単純な練習に集中できるのであり、大人にとって練習の反復はかなり困難な課題であろう。成果をあげることは、習慣的な能力の集積によって可能になるといわれても、それを完遂できる人は少ないのではあるまいか。

さらに、成果をあげるための能力とは、〝九九〟を覚えるのとは違って、次の五つの要素を習慣として身につけることである。

①自分の時間が何にとられているかを知る。そして、残されたわずかな時間を体系的に管理する。

②外部の世界に対する貢献に焦点を当てる。仕事の過程ではなく、その成果に精力を向ける。仕事からスタートしてはならない。もちろん、仕事に関する方法や意見などからスタートしてはならない。「期待されている成果は何か」を自問することからスタートしなければならない。

③強みを基準とする。そして上司、同輩、部下についても、彼らの強みを中心に置かなければならない。それぞれの状況下における強み、すなわちできることを中心に置かなければならない。弱みやできないことからスタートしてはならない。

④優れた仕事が際だった成果をあげる領域に力を集中する。優先順位を定め、その順位を守るように自分を律しなければならない。まず、最初に行なうべきことを行なうのである。二番目に回すべきようなことを行なってはならない。さもなければ、何ごとも成し遂げられない。

⑤成果をあげるよう意思決定を行なう。意思決定とは、つまるところ、手順の問題である。成

果をあげる意思決定は、過去の事実にもとづく合意ではなく、未来についての異なる意見にもとづいて行なわれなければならない。また、数多くの意思決定を手早く行なうことは間違いである。行なうべきは基本的な意思決定である。諸々の戦術ではなく、一つの正しい戦略についての意思決定である。

❖成果をあげるには人並みの才能で十分

これについては後で一つひとつ解説していくが、ドラッカーはこれらの実践的な能力は普通の人であれば身につけられるという。人より卓越しようと思えば特別の才能がいるが、成果をあげるには人並みの才能があれば十分だとする。

ただ、これらの能力は、企業という組織のなかで従業員として成果をあげるために行使されるのだから、当然、他の人々とのかかわりが生じ、この関係をうまくもっていく必要がある。その場合、重要なのは自らが果たすべき責任である。人は自らのもっている能力の範囲内でしか仕事ができないのだから、そのなかで最高の成果を実現することである。自らが最高の成果をあげて、はじめて他の人々に信頼され、協力を得ることができる。そうなれば、自らの能力を超えた成果をあげることも可能になる。

貢献と成果について、いかなる責任を負っているかを従業員全員が考え、個々の責任について上から下へ、下から上へ、横から横へというように、企業のすべての人々が相互に理解できるようにしておくことが大切である。組織は信頼のうえに成り立っており、信頼とは他の人々に何を期待していいかがわかっていることである。信頼とは相互に理解することである、とドラッカーはいう。

❖自分の責任が何かを明らかにする

成果をあげるためには、前述のような能力を習慣になるまで身につけなければならないが、それが企業にとっての成果である以上、他の人々とのかかわりが生ずるのは当然である。そのかかわりを自分に有利なものにし、協力を引き出し、成果をより大きいものにするために必要なのが、仕事のマーケティングである。つまり、パートナーシップのもとに自分の仕事に協働してくれる人々の存在がもたらす成果である。

そのためには、自分の能力が人並みであったとしても、それを最高に発揮し、できるだけ多くの成果に結びつくように責任をもって努力することである。その努力が他の人々に認められたとき、彼らは仕事上のパートナーとして支援し、当人の能力以上の成果を実現させてくれるであろう。

そのためには、従業員全員が自分の責任について明らかにし、相互に理解を求めなければならない。それを知ることは、かかわりをもつ従業員が何を望み、何に価値を認め、達成しようとしている目的、成果は何かを理解することである。

　このようにしてパートナーを理解しようとすれば、協働への意欲と関与がスムーズに現実化する。ドラッカーは組織の上から下へ、下から上へ、横から横へというように、人々が相互に信頼関係をもつことが必要だとしているが、それらはいずれもパートナーシップの本質である対等性に立脚したものでなければならない。

　成果をあげるための能力の習慣化は、あくまで個人の問題である。しかし、当人の意欲、目的、そしてそれを成し遂げようとする責任が、上司、同僚、部下の理解と信頼を得たとき、そこにパートナーシップが形成され、当人の能力以上の成果をもたらしてくれたとすれば、それは仕事のマーケティングの成果にほかならない。

6 体験——人を成長に導く七つの教え

❖自己マネジメントの基本

ドラッカーは、自分をマネジメントすることについて、自分の体験を法則化している。これらはいってみれば〝個人的な体験〟であるが、以下において彼が述べていることは、次章以下で取り上げる自己のマネジメントの考え方とやり方を理解するに当たって、基本となるものである。

①目標とビジョンをもって行動する

彼は学生時代、一九世紀の作曲家ヴェルディが最後に書いたオペラ「ファルスタッフ」を聴いて感激した。そしてヴェルディについて調べたところ、平均寿命が五〇歳くらいだった当時にあって、八〇歳という高齢で、しかもワグナーと肩を並べる大作曲家だった。

この老大家が八〇歳でなお、この並はずれてむずかしいオペラ「ファルスタッフ」を書くという仕事に取り組んだ理由を聞いて、若きドラッカーは衝撃を受けた。その答えは、「いつも失敗してきた。だから、もう一度挑戦する必要があった」だった。

ドラッカーはいう。私はそのとき、一生の仕事が何になろうとも、ヴェルディの言葉を道しるべにしようと心に決めた。いつまでもあきらめず、目標とビジョンをもって自分の道を歩き続けよう、失敗し続けるかもしれないが完全を求めていこうと決めた。

②完全を求める

ちょうどその頃、ドラッカーはギリシャの彫刻家フェイディアスの物語を読んだ。紀元前四〇年頃、彼はアテネ・パンテオンの屋根に建つ彫像群を完成させた。だが彫像の完成後、フェイディアスの請求書に対し、アテネの会計官は支払いを拒んだ。「彫像の背中は見えない。誰にも見えない部分まで彫って、請求してくるとは何ごとか」。それに対して、フェイディアスは次のように答えた。「そんなことはない。神々が見ている」

ドラッカーはいう。今日にいたるも、私は到底そのような域には達していない。むしろ、神々に気づかれたくないことをたくさんしてきた。しかし私は、神々しか見ていなくとも、完全を求めていかなければならないことを、以来、肝に銘じている。

③一つのことに集中する

その後、ドラッカーは新聞記者になるが、そのときの体験である。新聞は夕刊紙だった。彼は仕事がひまになる午後の残りの時間と夜を使って、国際関係や国際法、諸々の制度や機関、歴史、金融などについて勉強した。

ドラッカーはいう。やがて私は、一度に一つのことに集中して勉強するという自分なりの方法を身につけた。今でもこの方法を守っている。次々に新しいテーマを決める。統計学であったり、中世史であったり、日本画であったり、経済学であったりする。

もちろん、それらのテーマを完全に自分のものにすることはできない。しかし、理解することはできるようになる。すでに六〇年以上にわたって、一度に一つのテーマを勉強するという方法を続けてきた。この方法でいろいろな知識を仕入れただけでなく、新しい体系やアプローチ、あるいは手法を受け入れることができるようになった。勉強したテーマのそれぞれに異なる前提や仮定があり、異なる方法論があった。

④定期的に検証と反省を行なう

ドラッカーが紹介するのは、彼がフランクフルトで新聞記者をしていた頃の編集長で、当時のヨーロッパでも指折りのジャーナリストから教わったことである。

その編集長は、大変な苦労をして私たち若いスタッフを訓練し、指導した。毎週末、私たちの一人ひとりと差し向かいで、一週間の仕事ぶりについて話し合った。加えて半年ごとに、一度は新年に、一度は六月の夏休みに入る直前に、土曜の午後と日曜を使って、半年間の仕事ぶりについて話し合った。編集長はいつも優れた仕事から取り上げた。次に一生懸命やった仕事を取り上げた。次に一生懸命やらなかった仕事を取り上げた。最後に、お粗末な仕事や失敗した仕事を痛烈に批判した。

この一年に一度の話し合いのなかで、いつも私たちは、最後の二時間を使って向こう半年間の仕事について話し合った。それは、「集中すべきことは何か」「改善すべきことは何か」「勉強すべきことは何か」だった。私にとって、年に二度の話し合いは大きな楽しみになった。

その後、私はアメリカの大学の教授になり、同時にコンサルティングの仕事をしていた。何冊かの本も出していた。その頃、フランクフルトの編集長が教えてくれたことを思い出した。以来、私は毎年夏になると、二週間ほど自由な時間をつくり、それまでの一年間を振り返るようにしている。

コンサルティング、執筆、講義のそれぞれについて、次の一年間の優先順位を決める。もちろん、この計画どおりに一年を過ごせたことは一度もない。だがこの計画によって、私はいつも失敗し、今後も失敗するであろうが、とにかくヴェルディのいった完全を求めて努力するという決心に沿って、生きざるをえなくなっている。

⑤新しい仕事が要求するものを考える

フランクフルトを離れ、ロンドンに渡ったドラッカーは、保険会社で証券アナリストの仕事をしていた。一年ほどして投資銀行に移り、エコノミストとしてシニアパートナーの補佐役をつとめた。

三か月ほどして彼は創業者に呼びつけられ、こういわれた。「君が入社をしてきたときはあまり評価していなかったし、今もそれは変わらない。しかし君は、思っていたよりも、はるかに駄目だ。あきれるほどだ」。シニアパートナーに毎日のようにほめられていた彼は、あっけにとられた。

その人はこういった。「保険会社の証券アナリストとしてよくやっていたことは聞いている。しかし、証券アナリストをやりたいなら、そのまま保険会社にいればよかったではないか。今君は、補佐役だ。ところが相も変わらずやっているのは証券アナリストの仕事だ。今の仕事で成果をあげるのには、いったい何をしなければならないと思っているのか」

彼は相当頭に血が上った。しかし、その人のいうことが正しいことを認めざるをえなかった。彼は、仕事の内容も、仕事の仕方も、すっかり変えた。このとき以来、彼は新しい仕事を始めるたびに、「新しい仕事で成果をあげるには何をしなければならないか」を自問している。もちろん答えは、そのたびに違ったものになっている。

少なくとも彼の経験では、このことを自分で発見した人はいない。誰かにいってもらわなければわからないことである。だが、一度知ってしまえば、決して忘れることのないものである。そしてほとんど例外なく、その後は誰でも新しい任務で成功するようになる。必要なことは、卓越した知識や卓越した才能ではない。新しい任務が要求するもの、新しい挑戦・仕事・課題において重要なことに集中することである。

⑥自分の強みが何かを知る

イギリスからアメリカへやって来たドラッカーは、近世初期のヨーロッパについて研究を始めたが、当時、ヨーロッパで力をもつようになった二つの社会的機関、南ヨーロッパを中心とするカトリック社会におけるイエズス会と、北ヨーロッパを中心とするプロテスタント社会におけるカルヴァン派がほぼ同時期に創設され、まったく同じ学習方法を採用して成長したことを知った。

イエズス会の修道士やカルヴァン派の牧師は、何か重要な決定を行なう際に、その期待する結果を書きとめておくのが決まりだった。そして一定期間の後、たとえば九か月後、実際の結果とその期待を見くらべなければならなかった。そのおかげで、「自分には何がよくできるか、何が強みか」を知ることができた。また「何を学ばなければならないか、どのような癖を直さなければならないか」、そして「どのような能力が欠けているか。何がよくできないか」を知ることができた。

ドラッカーはいう。私自身、この方法を五〇年以上続けている。この方法は、「何について改善する必要があるか」、「いかなる改善が必要か」を明らかにしてくれる。さらには「自分ができないこと、したがって行なおうとしてはならないこと」も教えてくれる。まさに、「自らの強みが何か」を知ること、「それらの強みをいかにしてさらに強化するか」を知ること、「そして自分に何ができないか」を知ることこそ、継続学習の要である。

⑦自分は何によって知られたいか

ある日ドラッカーは、父のアドルフと共に、父の昔からの友人である著名な経済学者のジョセフ・シュンペーターを自宅に訪ねた。そのとき、父はシュンペーターに「ジョセフ、自分が何によって知られたいか、今でも考えることはあるかね」と尋ねた。彼は答えた。「その質問は今でも、私には大切だ。でも、昔とは考えが変わった。今は一人でも多くの優秀な学生を一流の経済学者に育てた教師として知られたいと思っている」。そしてこう続けた。「アドルフ、私も本や理論で名を残すだけでは満足できない歳になった。人を変えることができなかったら、何にも変えたことにはならないから」

ドラッカーはいう。私は、今でもこの会話を忘れることができない。私は、この会話から三つのことを学んだ。一つは、人は何によって知られたいかを自問しなければならないということ。二つめは、その問いに対する答えは、成長に伴って変わっていかなければならないということ。三つめは、本当に知られるに値することは、人を素晴らしい人に変えることだということである。

❖成長と自己変革を続けるには

この七つの教訓をあげた後、ドラッカーはいう。

これらのことすべての前提となるべき最も重要なこととして、成果をあげ、成長と自己変革を続けるには、自分の啓発と配属に自らが責任をもつことである。これはおそらく、かなり耳新しい助言と聞こえるかもしれない。しかしこれは、とりわけ日本のような国においては、実行がむずかしい。企業にせよ、政府機関にせよ、日本の組織は、一人ひとりの人間を配属する責任や、彼らが必要とする経験や挑戦の機会を考える責任は、組織の側にあるという前提で運営されているからである。

仕事のマーケティングの出発点は、企業が何を望むかではなく、従業員が何を望むか、従業員にとっての価値、目的、成果は何かである。ドラッカーがあげている七つの要素はすべて、従業員自らが身につけ、活用しようとするならば有用なものばかりである。したがって、企業からの強制、すなわち、これらのことを学習させ、習得させることによって、彼らを組織に役立つ人間に育てていこうという意図が介入したら霧散してしまうものばかりである。しかし日本の企業の場合、往々にして、組織の立場を優先させがちだから、せっかくの個々の意識、意欲の芽ばえも刈り取られてしまうおそれなしとしないのである。

ドラッカーはまた、次のようにもいう。従業員の啓発やその配属についての責任は、本人にもたせなければならない。「どのような任務の資格があるか」「どのような経験や知識や技能を必要としているか」との問いを発する責任は、従業員一人ひとりに課さなければならない。

もちろん、人事の最終決定は従業員本人の事情だけでできるものではない。組織そのもののニーズとの関係において行なわれなければならない。そして、その人間の強みや能力や仕事ぶりについての客観的な判断にもとづいて行なわれなければならない。しかしそれでもなお、一人ひとりの人間の啓発は本人の責任としなければならない。配属の責任も、本人の責任としなければならない。

❖厳しい自己責任の要求

〝従業員志向〟の仕事のマーケティングは、人を管理しようというのではなく、個々人の意欲、特性、能力を優先するかたちで仕事とのかかわりをもたせていこうとするものである。これは、一見、従業員にとって有利なように思えるかもしれないが、すべての責任をもたされ、それを果たすための自己啓発を課されるという点において、かなり厳しい考え方でもある。

「どのような任務を必要としているか」「どのような任務の資格があるか」「どのような経験、知識、技能を必要としているか」という問いかけを責任をもって発した以上、その答えに応じられるだけの能力を有している責任、あるいは身につけるよう努力する責任もまた伴うのである。

そして、それを生かすかたちで企業が特定の仕事の担当にしたとすれば、配属された責任は、その仕事をこなす能力があると応じた従業員にあり、それをこなすための自己啓発の責任も個々人にある。成果を出せなかったからといって、あれは人事部が配属した仕事に無理があったなどの言い訳は一切許されない。納得づくでその仕事に応じたのだから、期待どおりの成果を出す責任がある。その意味では、仕事のマーケティングは個々の従業員に厳しい自己責任を要求するのである。

PART

2

習慣化すべき5つの能力

7 時間——時間こそ最も貴重な資源である

❖記録し、整理し、まとめる

ドラッカーは、時間を管理するに当たって、時間を記録し、整理し、まとめるという三つの段階があるという。すなわち、日常、自分が何に時間をとられているかを明らかにすることからスタートし、そのなかから自分の時間を奪おうとする非生産的な要求を排除し、最後に、その結果得られた時間を大きくまとめるのである。

成果をあげるためには時間からスタートすべきだというのは、時間が最も不足しており、限界のある資源だからである。それは資金や人のように新しく調達したり、雇用したりできないうえに、簡単に消滅し、かといって蓄積できない。また、その代わりになるものがない。しかし、時間はあらゆることに必要とされ、すべての仕事が時間のなかで行なわれ、時間を費す。

それにもかかわらず、ほとんどの人が、この代替できない必要不可欠な資源を浪費している。だからこそ、この限りある資源の重要性を認識し、効果的に利用することが成果につながるのである。そのために、前述の三段階が必要とされるのである。

第一の時間の記録については、自分の時間の使い方をリアルタイムで記録していくことである。その作業を継続し、最低でも一年に二回、三、四週間にわたって記録をとれば、成果には何も寄与しない仕事に流され、ささいなことに時間を浪費していたことに多くの人々が気づくであろう。

それが明らかになれば、第二にまず、時間を浪費している仕事を排除することである。次に、他の人でもやれる仕事はその人にまかせることである。さらに自分の仕事の仕方が、他の人の時間を浪費させているとしたら、その仕事の仕方を改善したり、カットすることである。つまりここでは、仕事の整理が中心になる。

第三は、時間の記録と仕事の整理によってもたらされた自由な時間をまとめることである。注意したいのは、一日の四分の一であっても、まとまった時間であれば重要なことをするには十分であるが、たとえ一日の四分の三であっても、その多くが細切れではあまり役に立たない。成果をあげるためには、自由に使える時間を大きくまとめあげることが大切である。

以上がドラッカーのいう時間管理のポイントであるが、仕事のマーケティングとのかかわりで、留意すべき点を二、三あげておこう。

❖ 〝雑事〟にはノーというべき責任がある

ドラッカーは以下のようにいう。忙しい人たちが、やめても問題のないことをいかに多くしているかは驚くほどである。楽しみでも得意でもなく、しかも古代エジプトの洪水のように毎年堪え忍んでいるスピーチ、夕食会、委員会、役員会が山ほどある。なすべきことは、自分自身、自分の組織、他の組織に何ら貢献しない仕事に対しては、ノーということである。

先にもふれたように、従業員にとって、仕事のマーケティングは自己責任のマーケティングである。したがって、「時間不足のためできませんでした」といった言い訳は通用しない。その仕事は自分の能力にかなうものとして納得づくで担当したはずである。自分の立場を十分承知して受諾したはずである。そのとき、その仕事に割ける時間も十分計算したはずである。

それにもかかわらず、自分の成果、パートナーシップが生み出す成果にまったく貢献しない〝雑事〟に時間をとられたために、自分の仕事の成果を出せなかったというのは論外である。したがって、〝雑事〟にはノーというべき責任がある。

ドラッカーは次のようにもいう。従業員が成果をあげている企業においては、企業のトップたちが、定期的に時間を割いて、時には新人を含めた従業員と会い、「企業のトップとして、あなたの仕事について何を知らなければならないか」「この企業について、いいたいことは何か」と聞いている。「われわれが手をつけていない機会は、どこにあるか」「まだ気がついていない危険は、どこにあるか」「組織について、私から聞きたいことは何か」と尋ねている。

そのような話し合いは、くつろいで、急がずに行なわれなければならないだけに、多くの時間を必要とする。話し合いでは、ゆとりがあると感じられなければならない。それが結局は近道である。しかしそのためには、中断のないまとまった時間を用意しなければならない。

仕事のマーケティングの基本は、対等性を本質とするパートナーシップにある。その場合、わが社は命令と服従の関係ではなく、パートナーシップによって運営されていることを社内に周知させなければならない。ここでトップたちが試みているのが、まさにそれである。

個々の従業員の仕事について、何を知らなければならないか、わが社について、何かいいたいことはあるかと尋ねているのは、〝従業員志向〟の考え方のもとに、彼らの立場を優先させながら、パートナーシップの形成に意を用いているのである。また気づいていない危険はどこにあるか、わが社について知りたいことは何かを聞いているのは、彼らが対等の立場で企業の運営に参加し、パートナーとして協働する機会を提供しているのである。そのためにはたっぷりとした時間を用意しなければならないが、その時間はトップたちにとっても、また従業員にとっても、きわめて生産的な時間である。

❖時間の浪費の原因を簡単に知る方法

ドラッカーはさらに次のように述べている。時間浪費の原因には、従業員自身がコントロールし、自分自身で取り除くことができるものがある。すなわち、彼自身が浪費させている他人の時間である。そのような時間の浪費を教えてくれる徴候というものはない。

しかし、それを発見するには簡単な方法がある。すなわち聞くことである。「あなたの仕事に貢献せず、あなたの時間を浪費させるだけであるようなことを、私は何かしているか」と定期的に聞かなければならない。答えを恐れることなく、この質問をできることが、成果をあげる従業員の条件である。

「あなたの仕事に貢献せず、あなたの時間を浪費させるだけであるようなことを、私は何かしているか」と面と向かって尋ねるのはかなりの勇気がいることであり、これに対して、「あなたのこんな行動が、私の時間を浪費させている」と答えるのも、それ以上に勇気がいることかもしれない。しかしこれを実行するのが、パートナーシップのもとで相互に理解し合う仕事のマーケティングなのである。

「あなたのこうした行動が、私の時間を浪費させているから、何とかしてくれないか」と相手に理解を求め、他方、尋ねた側もそれに納得してこそ、対等のパートナーとして行動したことになり、仕事のマーケティングは、貴重な資源である時間の有効活用に貢献するのである。さらに自分にとっては生産的な仕事のやり方が、他人の時間の浪費につながっているとしたら、これも放置することなく、対等の立場で相互理解が得られるよう努力しなければならない。一方がトクをして、他方が損をする関係は、仕事のマーケティングの発想によって排除しなければならない。

8 貢献——成果をあげる鍵

❖権限を一番に考えてはならない

ドラッカーは次のようにいう。成果をあげるためには、貢献に焦点を合わせなければならない。「組織の成果に影響を与える貢献は何か」を自分に問わなければならない。すなわち、自分の責任を中心に置かなければならない。貢献に焦点を合わせることが成果をあげる鍵である。ところがほとんどの人が、下のほうに焦点を合わせたがる。成果ではなく、権限に焦点を合わせる。組織や上司が自分に対してなすべきことや、自分のもつべき権限を気にする。その結果、本当の成果をあげられない。

多くの人は、企業において日常的に担当している仕事をいかにこなすかに関心を集中させ、そのために上司が自分に何をしてくれるか、自分にどんな権限が与えられているかを一番に考える。つまり、自分の個々の仕事から目を離すことができない。しかしそれによって、その個人が自分の仕事を成し遂げたからといって、それはそれだけのことである。

必要なのは、もっと高く、広い視野に立ち、企業全体の目標が何であり、それを達成することで成果をあげるために、自分がいかに貢献すべきかをまず考え、それを念頭に仕事に取り組むことである。

これは一般の従業員にとっては手に余ることであり、それをするのはトップであり、自分は組織の仕組みに合わせて日々の仕事をこなしていればよいという反論があるかもしれない。しかし、個々の従業員が当該企業に所属し、仕事をするのは、自分の業績をあげるのが第一の目的ではなく、籍を置く企業が成果をあげるのに貢献するためのはずである。個々人の業績は、企業が目指す成果に対してどれほどの貢献をしたかによって評価されるのであり、目標を知らずして業績はあげられない。

❖成果は企業の外にある

さらに、ドラッカーはいう。肩書や地位ばかり高くても、権限に焦点を合わせる者は、自分が誰かの部下であることを告白しているにすぎない。これに対し、いかに若い新入りであっても、貢献に焦点を合わせ、結果に責任をもつ者は、最も厳格な意味においてトップマネジメントである。それは、企業全体の業績に責任をもとうとしているからである。

いかに企業内での地位が高くても、その地位がもたらす権限に満足している人は、結局、より大きな権限をもつ者には無条件に従うのであり、しかもそれは企業内部の問題である。つまり、企業のなかでどちらがエライかということであり、企業の成果とは何の関係もない。

ドラッカーの持論は、成果は企業の外にこそ存在するのであり、内部にはコストのみ存在するというものである。こうした立場からすれば、権限に焦点を合わせるのは、コストを増加させるにほかならず、企業にとってもマイナスを生み出すことになる。

しかし貢献に焦点を合わせ、いかに企業に貢献するかを考え、その企業の成果の源泉である外の世界に注意を向けて仕事をするならば、トップマネジメントと同じ立場で仕事をしていることになる。つまり、いかに全体的なプラスを極大化するかを志向しているのである。

さらに、自分の担当する専門分野や所属する部門に限定されず、企業全体の成果への貢献に焦点を合わせることは、自分の専門や部下にとって、組織全体の目標とのかかわりを考慮しながら成果を出していくことを考えさせることになる。それは相互に、価値は何か、目的、成果は何かという点についてのすり合わせを通して、企業全体の成果への貢献を目指すことにほかならず、そこには仕事のマーケティングの考え方が反映している。

さらに、ドラッカーによれば、なすべき貢献は、第一に直接の成果、第二に価値への取り組み、第三に人材の育成という成果への貢献であるという。

第一の直接の成果は、企業にとっては、売上げ、利益といった経営上の業績である。直接的な目標が明確にされていないと、それへの貢献は困難である。

第二の価値に対する取り組みは、企業はどのような目標に対して、いかにしてアプローチし、いかにして成果をあげるかであるが、これも目標が明確でないと動きようがない。

第三の人材の育成は、企業を存続させるためには、明日のマネジメントに当たるべき人材を、今日、準備しておかなければならない。ただし、明日のマネジメントのビジョンや能力が今日のマネジメントと同じでは、企業は消滅の道をたどる。したがって明日のマネジメントは、明日の変化に対応し、その時々に要求される目的達成のために貢献しうるだけの能力をもっていることが求められる。それは人材を育成することにほかならず、人は課された要求水準に適応するために成長していくものである。

❖自分は何を期待されているかを相手に尋ねる

ドラッカーはまた、貢献に責任をもつためには、知識の有用性に強い関心をもつことが必要であり、成果をあげるためにはその重要性を知っていなければならないとして、以下のようにいう。自分の頭を上に向けることによって、ほとんど無意識に他の人が「何を必要とし」、「何を見」、「何を理解しているか」がわかるようになる。さらには、組織の人たち、つまり上司、部下、そして他の分野の同僚に対し、「あなたが組織に貢献するためには、私はあなたにどのような貢献をしなければならないか」「いつ、どのように、どのようなかたちで貢献しなければならないか」と尋ねることができるようになるという。

これは、まさに仕事のマーケティングである。企業の成果に貢献するために、自分は相手のために、いつどのようなかたちで貢献しなければならないかを尋ねるのは、パートナーの求めているところを理解し、パートナーシップを強固なものにすることによって、企業が目標としている成果の実現に協働して貢献しようとする仕事のマーケティングにほかならない。

そして、貢献に焦点を合わせることによって、効果的なコミュニケーションが可能になると、ドラッカーはいう。これまで支配的だったのは、経営者から従業員へ、上司から部下へという下方へのコミュニケーションだったが、それは事実上不可能である。なぜならば、上司が部下に何かいうと、部下は上司がいうことではなく、自分が聞きたいと期待していることを聞き取るからである。

仕事において貢献する者は、部下たちに自分が貢献すべきことは何かを話すことを要求する。具体的には「組織、および上司である私は、あなたに対してどのような貢献の責任をもつべきか」「あなたに期待すべきことは何か」「あなたの知識や能力をもっと活用できる道は何か」を聞く。こうしてはじめて、コミュニケーションが可能となり、容易に行なわれるようになる。

下方へのコミュニケーション、すなわち上意下達型のそれは命令と服従の関係を基本とするものであり、仕事のマーケティングから排除される。これに対して、上司が部下に向かって、自分が彼らの役に立つにはどのような貢献をしたらよいか、自分は彼らに何を期待したらよいかなどと尋ねるのは、相手が何を望むか、相手にとっての価値は何か、目的は何か、成果は何かを知ることによって彼らを理解し、それに応じることによって自分も彼らに理解されることを期待することができる。これは仕事のマーケティングに特有のコミュニケーションであり、対等の立場で、彼らの十分な納得のもとに接することによって、仕事上のパートナーシップの形成を意図するものである。

❖知識の連鎖と結合

さらに、ドラッカーは、貢献に焦点を合わせることによって、横のコミュニケーション、すなわちチームワークが可能になるとして、以下のようにいう。「私の生み出すものが成果に結びつくためには、誰がそれを利用してくれなければならないか」との問いが、命令系統の上でも下でもない人たちの大切さを浮き彫りにする。それは、知識を中心とするニーズからして当然のことである。知識を中心とする企業においては、成果をあげる仕事は多種多様な知識や技能をもつ人たちから成るチームによって行なわれる。彼らは、フォーマルな組織構造ではなく、状況の論理や仕事の要求に従って、自発的に協力して働く。

ここにも、仕事のマーケティングの原理が働いている。知識を中心として稼働している今日の企業においては、個人の知識だけではどうしようもない。成果への貢献を生み出すためには、知識と知識との連鎖、ネットワークが不可欠であり、それは個々に知識を有する人たちのチームワークにほかならない。そこで、自分の知識を企業の成果に貢献させるためには、「私の知識を活用することで一緒に協働する人はいませんか」と呼びかけることになる。対等の立場で知識の連鎖と結合を形成する相手探しである。

この連鎖と結合はもちろん命令と服従の関係によってではなく、また、企業がそれを望んで成立させたものではない。状況の論理や仕事の要求、つまり、連鎖と結合を必要とする状況が発生したから、あるいはチームワークを組むことが仕事を進めるうえで必要になったから生まれたものである。まさにパートナーシップの産物であり、仕事のマーケティングである。

9 強み――人が何ごとかを成し遂げる原動力

❖フィードバック分析

ドラッカーはいう。誰でも自分の強みについてはよくわかっていると思っている。だが、たいていは間違っている。わかっているのは、せいぜい弱みである。それさえ間違っていることが多い。しかし何ごとかを成し遂げるのは、強みによってである。弱みによって何かを行なうことなど到底ありえない。そして、強みを知る方法としてフィードバック分析をあげ、次のように説明している。

何かをすることを決めたならば、何を期待するかを直ちに書き留めておく。九か月後、一年後に、その期待と実際の結果を照合する。彼自身、これを五〇年続けている。そのたびに驚かされている。これを行なうならば、誰もが同じように驚かされる。

こうして二、三年のうちに、自分の強みが明らかになる。自分について知りうることのうち、この強みこそ最も重要である。さらに、自分がしていることやしていないことのうち、強みを発揮するうえで邪魔になっていることも明らかになる。それほどの強みではないことも明らかになる。まったく強みのないこと、できないことも明らかになる。

そして、フィードバック分析から、次のようないくつかの行なうべきことが明らかになるという。

①明らかになった強みを成果を出すものに集中する。
②その強みをさらに伸ばす。
③知的な傲慢を正す。
④自分の悪癖を改める。
⑤人への対応が悪くて、みすみす成果があげられなくなることを避ける。
⑥行なっても成果のあがらないことは行なわない。
⑦努力しても並にしかなれない分野に無駄な時間を使わない。

❖自分の強み、仕事の仕方、価値観を知る

ドラッカーは、徹底して自分の強みを生かし、成果に結びつけるべきことを強調する。人には誰でも弱みがあるが、それを直そうなどとしないことである。そうすることで水準が少しアップしたとしても、とても成果をあげるまでにはならない。そんな時間があれば、強みをさら

に伸ばすよう努力すべきである。

企業という組織においては、自分自身の強みを使うことはもちろんであるが、同僚の強み、上司の強みなど、利用できるかぎりの強みを活用して成果をあげるべきである。人事においては、個々人の強みを最大限に発揮させることに重点を置くべきであり、決して弱みを最小限に抑えることを考えてはならない。組織の役割は、一人ひとりの強みを共同事業のための建築用ブロックとして使うことにある。

他人に成果をあげさせるためには、決して「彼は私とうまくやっていけるか」を考えてはならない。「彼にはどのような貢献ができるか」を問わなければならない。また、「何ができないか」を考えてはならない。常に、「何が非常によくできるか」を考え、一つの重要な分野における卓越性を求めなければならない。

自分がどんな仕事の仕方を得意とするかは、強みと同じように重要である。しかし多くの人は、仕事にはいろいろなやり方があることを知らないために、得意でないやり方で仕事をし、当然成果はあがらないという結果に陥っている。強みと同じように、仕事の仕方も人それぞれであり、個性と同様、仕事につくはるか前に形成されている。つまり、仕事の仕方は強みと同じように与件であって、変更することはできない。したがって、強みを発揮できる仕事が成果をあげるように、人は得意なやり方で仕事と成果をあげなければならない。

仕事で成果をあげるためには、強みや仕事の仕方とともに、自分の価値観を知っておかなければならない。組織には価値観があり、そこに働く者にも価値観がある。組織において成果をあげるためには、従業員の価値観が企業の価値観になじまなければならない。そうでないと、心楽しまず、成果もあがらない。

ドラッカーは次のように結論づける。自分の強み、仕事の仕方、価値観がわかっていれば、機会、職場、仕事について、私がやりましょう、私のやり方はこうです、仕事はこういうものにすべきです、他の組織や人との関係はこうなります、これこれの期間内にこれこれのことを仕上げますといえるようになる。

最高のキャリアは、あらかじめ計画して手にできるものではない。自分の強み、仕事の仕方、価値観を知り、機会をつかむよう用意した者だけが手にすることができる。なぜならば、自分の得るべきところを知ることによって、普通の人、単に有能なだけの人が、卓越した仕事を行なうようになるからである。

以上は、ドラッカーが強みを生かすことについて述べていることの概要であるが、これを仕事のマーケティングの観点から考えてみよう。

❖相手のやり方を生かすことが最高の成果に結びつく

相手を仕事上のパートナーとしてマネジメントしようとする場合、まず注目すべきはその人の強みと仕事の仕方である。パートナーとして協働し、成果を一プラス一を二ではなく四にも五にもしたいわけだから、相手に十二分に力を発揮してもらわなければならない。つまり徹底してその強みを活用したいわけだから、弱みは無視しなければならない。人には誰でも弱みがあるのだから、それにこだわって躊躇していたら、永久にパートナーシップは形成されない。

仕事のやり方についてもそうである。これも人によって違い、それが先天的なものであるとすれば、相手のやり方を生かすことが最高の成果に結びつくように、自分の仕事のやり方との連鎖のあり方を十分に工夫しなければならない。

パートナーシップは対等性を本質とするから、相手の仕事のやり方を強引に変えることがあってはならないし、もしそうしたとしても、彼の仕事上の強みは失われ、パートナーとして協働する意味がなくなってしまう。これは、自分のほうが譲って仕事のやり方を相手に合わせても結果は同じである。今度は、自分の強みが生きない。その意味では、最初から仕事のやり方が似通っている相手と組めば、相互に強みが生かされ、シナジー効果が拡大する。だからドラッカーは、自分の強み、仕事の仕方をあらかじめ知っていれば、最高のキャリアに結びつくというのである。

❖企業の価値観への理解を求める

それに今一つ、価値観である。これが企業の価値観と一致していれば、きわめて好運というべきであって、実際にはそうした例は少ないといってよかろう。仕事のマーケティングの出発点は、組織が何を望むかではなく、相手が何を望むかにあるといっても、一人の人間の価値観に企業のそれを適合させていったら、一方で企業の価値観と合わなくなった大量の従業員が出現し、彼らの強みは無駄になり、業績は急下降する。

だからといって、命令と服従の関係を利用し、相手の価値観を強制的に企業のそれに適合させることは、仕事のマーケティングが嫌うところである。第一、そんなことをしてもまったく無意味であり、当人の強みが失われるだけである。

当人が自分の価値観に固執していても、それが企業という組織のなかである以上、早晩、業績はあがらず、心楽しまない日々を送らざるをえなくなってしまう。そこで理解を求めるのである。それは価値観を変えろというのではなく、少なくとも企業人として組織のなかで仕事をしている間は、企業の価値観になじむことについて納得するようアプローチするのである。それによって当人の業績もあがり、意欲的に仕事に取り組むようになってくれれば、それは仕事のマーケティングの効果といえるであろう。

個々人の強み、仕事の仕方、価値観は生かすものであると同時に、組織においては生かされることによっても成果に結びつくのである。組織の役割が、ドラッカーのいうように、一人ひとりの強みを共同体のための建築用ブロックとして使用することにあるとすれば、価値観についての企業と従業員との相互理解なくして、それを積み上げていくことはできないのである。

10

集中——成果をあげるための最大の秘訣

❖忙しい人ほど集中している

ドラッカーは、成果をあげるための秘訣を一つだけあげるならば、それは集中だという。成果をあげる人は、最も重要なことから始め、しかも一度に一つのことしかしない。自分の強みを生かそうとすれば、その強みを重要な機会に集中しなければならない。

人には多様な能力がある。だが、その多様性を生産的に使うためには、それらの多様な能力を一つの仕事に集中することが不可欠である。あらゆる能力を一つの成果に向けるためには集中するしかない。成果をあげる人は、多くのことをしなければならないこと、しかも成果をあげなければならないことを知っている。したがって、自分の時間とエネルギー、そして組織全体の時間とエネルギーを一つのことに集中する。最も重要なことを最初に行なうべく集中する。

集中は、多くの仕事に囲まれているからこそ必要となる。なぜなら、一度に一つのことを行なうことによってのみ、仕事が早くできるからである。時間と労働と資源を集中するほど、実際にやれる仕事の数や種類は多くなる。これこそ困難な仕事をいくつも行なう人たちの秘訣である。彼らは一時に一つの仕事をする。その結果、ほかの人たちよりも少ない時間しか必要としない。

企業において、人々は常に多くの仕事に囲まれており、早くそれを仕上げることで結果を出さなければならないというプレッシャーのなかにある。そのため、自分がやらなければならない仕事について、あれもこれもと手を出すことになる。

幸か不幸か人間は多様な能力に恵まれているため、その一つひとつをいくつかの仕事に分散して投入すれば、結果にたどりつけるような気がする。しかしそれはとんでもない間違いである。どれ一つ仕事が成し遂げられることはなく、当然、業績はあがらず、時間と能力の無駄遣いに終わる。労多くして得るところはなく、プレッシャーは増大するだけである。

こうした状態を回避するためには、仕事に優先順位をつけ、最優先すべき一つの仕事に自分の能力、時間、エネルギーを集中的に投入することである。ともかく、最も重要な仕事一つに脇目をふることなく取り組み、完成させ、成果をあげることのみが目下の自分に課せられた使命であるという認識のもとに考え、行動するのである。

そうすれば、結局、限られた時間で仕事を完了させ、結果を出すことができる。そして、この仕事が完全に手を離れたとすれば、次に重要と考えられる仕事の一つに集中的にとりかかるのである。

❖古くなったものを計画的に捨てる

集中するためには、もはや生産的でなくなった過去のものを捨てることだとドラッカーは次のようにいう。そうした昨日の仕事に投入していた第一級の資源、特に人間の強みという稀少な資源を引き揚げ、明日の機会に充当しなければならない。古いものの計画的な廃棄こそ、新しいものを強力に進める唯一の方法である。私の知るかぎり、アイデアが不足している企業はない。創造力が問題ではない。せっかくのよいアイデアを実現すべく仕事をしている企業が少ないことが問題である。昨日の仕事に忙しすぎるのである。

集中するためには、生産的でなくなった仕事から撤退し、人間の強みをはじめとする限りある資源を、優先順位第一位の明日の仕事に集中的に投入しなければならない。しかし現実には、過去のしがらみを思い切って絶つことができず、また明日のための生産的な仕事にも思い切って取り組めないという中途半端なケースが少なくない。

中途半端が最もいけない。昨日の仕事はもちろん、明日の仕事も成果を生み出せない。せっかくよいアイデアをもちながら、それを実現するための仕事をしていない企業は少なくない。それは過去のもはや生産的ではなくなった仕事にかまけて、新しい仕事に全力を集中できないからである。

これは、根本的に誤っている。明日の仕事は、昨日の仕事の余力を割り当てるものではない。それでは、新しいアイデアは実現できない。必要なのは、昨日の仕事をきっぱりと切り捨て、それに振り向けられていた資源も含む全資源を、新しいアイデアの実現のための仕事に集中的に投入する思い切りである。

❖優先順位を決める

ただし問題は、その明日の仕事なるものが、全資源を集中的に投入するだけの価値があるかどうかである。それを決定するのはトップか状況の圧力かであり、正解はトップである。その理由について、ドラッカーは次のようにいう。

トップの本来の仕事は、昨日に由来する危機を解決することではなく、今日と違う明日をつくり出すことである。他方、状況の圧力は常に昨日を優先する。また、状況の圧力に支配されるトップは、企業の外部に注意を払うという仕事をないがしろにしてしまう。その結果、唯一の現実であり、唯一の成果の場である外部世界の感触を失うことになる。なぜならば、状況の圧力は、常に組織の内部で起こるものを優先するからである。常に将来よりも過去に起こったものを、機会よりも危機を、外部の実在するものよりも内部の直接目に見えるものを、さらには、意味あるものよりも切迫したものを優先するからである。

状況の圧力とは、いわば現場至上主義である。今、起こりつつあることを判断の材料とする。現在、企業内部で仕事を進めつつあるなかで生じていることに注意し、それらを切迫した事態としてとらえ、当面の危機を回避することに懸命になる。そこには、昨日、今日についての近視眼的な評価、行動はあっても、明日を考える余裕はない。

これに対して、トップには当面の問題にわずらわされることよりも、明日の展望を優先する未来志向があり、また、そうでなければならない。さらに、企業内部だけではなく、成果が存在する唯一の場所である外部の状況とのかかわりにおいて、事態を前向きに判断する思考を身につけている。また、そうでなければならない。だからこそ決断は、長期的な視点からそれを行なうトップに委ねられなければならないのである。

さらに、優先順位の決定よりもむずかしいのは、それ以上、取り組むべきでない仕事の決定とそれを遵守する劣後順位の決定だとドラッカーはいう。従業員は、仕事が延期されるのは、実は中断にほかならないことを知っており、だから延期などとあいまいなことをいわず、はっきり断念というべきである。仮に復活させたとしても、あらゆるものの成功にとって最も重要なタイミングがずれてしまっている。五年前に賢明な決定であったことを、今日、復活させても不満と失敗を招くだけである。

こうしたことはわかっていても、一度、決定し、とりかかっていた仕事を中断し、それにかかわるすべての資源を引き上げることは、心情的にもやりにくいものである。まして劣後順位第一位の決定となると躊躇しがちであるが、それは第一優先事項である。

なぜならば、最も優先すべき一つの仕事に資源を集中的に投入し、成果をあげるためには、やめることが決定された過去の仕事に資源を割くわけにはいかないからである。それは資源の無駄遣いであり、成果を目指す新しい仕事にもマイナスに作用する。劣後順位の決定と実行は、資源の集中という点からして、さらに、明日を期待させる仕事を成功させるという点からして不可欠である。

❖分析からは実行すべきか否かはわからない

優先順位の分析については、いくつかの重要な原則があるが、つまるところそれは、次のように勇気にかかわるものだとドラッカーはいう。第一は、過去ではなく未来を選ぶこと、第二は、問題ではなく機会に焦点を当てること、第三は、横並びではなく自分の方向性をもつこと、第四は、無難で容易なものではなく変革をもたらすものに照準を合わせることである。

いずれも大胆に明日の成果を目指すものであるが、他方、それが保証されているわけではなく、はずれたときのリスクもまた大きいことが予想されるものである。したがって、その可能性について分析してから決めようとしても、明確な結果が出るわけではない。つまり、実行すべきか否かを分析は教えてくれないのである。

だからこそ、勇気なのである。大胆に明日の成果を目指し、また実現を信じて、前述のことを勇気をもって決断しようというわけである。それはまた、これらの原則に勇気をもって集中しようということでもある。

❖生産性をあげようとする意欲が勇気を生む

仕事のマーケティングの視点からすると、ドラッカーは人のマネジメントに仕事のマーケティングを導入する目的は、一人ひとりの人間の強みと知識によって生産性をあげることにあるといっている。それは、個々人の能力を成果が期待できる最大の機会に集中的に投入することにほかならない。

したがって、仕事に優先順位をつけ、最優先すべき一つの仕事に時間、強み、エネルギーを集中的に投入するのも、劣後順位を決定し、成果の見込めない仕事から潔く撤退し、そのために使用されていた資源を他の仕事のために有効に活用しようとするのも、一人ひとりの人間の強みと知識によって生産性をあげるという仕事のマーケティングを遂行しているのである。

さらに、前述の勇気づけも、個々人の強みと知識を生産的なものにすることにかかわっている。というよりは、個々人の強みと知識によって生産性をあげようとする意欲が勇気となり、大胆に明日の成果を志向させるのである。ドラッカーは、人のマネジメントの中心となるべきものは成果だとしているが、仕事のマーケティングこそ、成果をあげるという重要な課題のために、人の強みや知識といった資源を集中的に投入するのである。

11 意思決定——基本的な問題か、例外的な問題かを問う

❖原則と手順による解決

ドラッカーは、意思決定は次のようなプロセスによって行なわれるという。

第一は、「基本的な問題か、例外的な問題か」「何度も起こることか、個別に対応すべきことか」を問わなければならない。基本的な問題は、原則や手順を通じて解決しなければならない。これに対して、例外的な問題は、その状況に従い個別の問題として解決する必要がある。

真に例外的な問題を除き、あらゆる問題が基本の理解にもとづいた解決策を必要とする。原則と手順による解決である。一度正しい原則を得るならば、同じ状況から発する問題は、すべて実務的に処理できる。真に例外的な問題は個別に処理しなければならないが、例外的な問題のために原則をつくることはできない。

意思決定をするに当たっては、まずそのテーマが何度も起こる基本的な問題か、個別に対処すべき例外的な問題かを判定しなければならない。前者であれば、一度正しい原則や手順を得

たならば、同じ状況から発生するテーマであるから、その原則、手順をそのまま適用することによって解決することができる。後者の場合は、例外的なテーマにすべて適用できる原則などないから、それぞれの状況に応じて対処していかなければならない。

よく起こるのは、一般的な問題を例外的な問題の連続としてとらえてしまう間違いである。そのために解決についての原則を欠き、現場対応的に処理してしまい、結果的に失敗する。一見、例外的な問題が連続して生じているように見えるために、それぞれの状況によって個別的に処理してしまうのである。

しかし全体的に見ると、それは個別の問題によって形成された基本的な一つの問題であり、一つひとつ対処するのではなく、確立された原則、手順を適用すべきケースだったという事態が生じることがある。これなどは、スタート時に問題をとり違えてしまったのである。

❖必要条件を理解する

第二に、「その決定の目的は何か」「達成すべき目標は何か」「満足させるべき必要条件は何か」を明らかにしなければならない。とりわけ必要条件を簡潔かつ明確にしておくほど、決定による成果はあがり、目的の達成度も高い。

他方、いかに優れた決定のように見えても、必要条件の理解に不備があれば、確実に成果はあげられない。必要条件は、「この問題を解決するために最低限必要なことは何か」を考え抜くことによって明らかになる。間違った必要条件を満たす決定も誤りではあるが、それでも一応の成果はあがる。しかし、必要条件を満たさない決定から何も得るところはなく、新しい問題を生むだけである。

つまり、必要条件は文字どおり必要な条件であり、当面する目的を達成するだけの成果をあげるために不可欠な条件である。したがって、これに不備があれば、成果をあげることはできず、目標はもちろん達成できず、さらに新たな混乱を生み出すことになる。

そうした事態を回避するためには、「この問題を解決するために最低限必要なことは何か」を考え抜くことである。もちろん、問題を解決するために万全の条件を整備するに越したことはないが、それは理想であり、ぜいたくというものである。必要とされる条件が最低限用意されていれば、成果をあげ、目標を達成することは十分可能である。

❖最初から妥協を計算に入れた決定をしてはならない

第三に、決定においては何が正しいかを考えなければならない。やがては妥協が必要になるからこそ、最初から、誰が正しいか、何が受け入れやすいかという観点からスタートしてはならない。満足すべき必要条件を満足させるうえで何が正しいかを知らなければ、正しい妥協と間違った妥協を見分けることはできない。

決定についての妥協は、現実には不可避といってよい。それは、決定を全員に受け入れさせる潤滑油である。だからといって、最初から妥協を計算に入れた決定をしてはならない。決定は、誰が反対するか、どのあたりが受け入れさせるのに困難かなどを前もって考え、それに妥協したものであっては何の役にも立たない。そうなれば、妥協はとどまるところを知らず、決定は原型をとどめないほどの妥協の産物となり、まったく意味をもたないものになってしまうからである。

だからこそ、決定はそんな余計なことを考えず、満たすべき必要条件を満足させるという点においてどのような決定が正しいかを十分認識し、この点については一歩も譲ってはならない。そのうえで、受け入れをスムーズにするための妥協があったとしても、成果に結びつく目標の達成という目的を満足させるうえで支障をきたすことはないはずである。

❖決定を行動に移すために

第四に、決定と行動を変えなければならない。決定における最も困難な部分が必要条件を検討する段階であるのに対し、最も時間のかかる部分は成果をあげるべく決定を行動に移す段階である。決定は、最初の段階から行動への取り組みをそのなかに組み込んでおかなければ成果はあがらない。事実、決定の実行が具体的な手段として、誰か特定の人の仕事と責任になるまでは、いかなる決定も行なわれていないに等しい。それまでは、意図があるだけである。

いうまでもなく、意思決定は行動を起こし、成果を求めるために行なわれるものであり、意思決定をしただけならば、絵に画いた餅に過ぎない。成果をあげるのは、行動によってである。そして行動は、人の仕事というかたちで行なわれる。

そうだとすれば、意思決定をするに当たって、すでに行動への移行への準備が組み込まれていることが必要であり、当然そこには、誰がそれを自分の仕事として責任をもって担当するかについての決定が含まれていなければならない。そうであってはじめて、その意思決定に生命が吹き込まれるのであり、行動への移行までもが考慮されていない決定は単なる願望にすぎない。そうしたい、そうするつもりだというだけである。

決定を行動に移すには、「誰がこの意思決定を知らなければならないか」「いかなる行動が必要か」「誰が行動をとるか」「行動すべき人間が行動するためには、その行動はいかなるものでなければならないか」を問わなければならない。これらのうち、特に最初と最後の問いが忘れられることが多い。そのため、予想外の結果を招くことがある。

「誰がこの意思決定を知らなければならないか」という問いは、その問題にかかわる関係者の範囲である。広すぎると雑音や妥協を求める声に邪魔され、狭すぎるとそれを行動に移すに当たって不可欠の人が何も知らなかったというようなことになってしまう。用心すべきは後者であり、決定と行動の連鎖に障害が生じ、成果の実現が困難になる。

「いかなる行動が必要か」「誰が行動をとるか」という問いは、これは前述のように、すでに決定の段階において組み込まれているべき事項であり、このことについての配慮が欠けている決定は、行動に移しようがない。
「行動すべき人間が行動するためには、その行動はいかなるものでなければならないか」という問いは、同じ行動でも具体的な現実の動きを指している。「いかなる行動か」は決まっているが、それを実際に具体的な活動として行なうのは、特定の個人であり、結局は彼の動き如何が成果に大きく影響する。そのために、彼の行動の細部にいたるまで注意をいきとどかせようとするものである。

❖決定を継続的に検証する

第五に、決定の基礎となった仮定を現実に照らして継続的に検証していくために、決定そのもののなかに、フィードバックを講じておかなければならない。決定を行なうのは、人である。人は間違いをおかす。最善を尽くしたとしても、必ず最高の決定がなされるわけではなく、間違っている可能性は否定できない。

そんなに決定に信頼が置けないならば、決定などしなくてもよいということになるかもしれないが、それではコトが前に進まない。行動は起こしようがなく、そうなれば絶対に成果はあがらない。

ドラッカーは決定の正しさについてかなり懐疑的であり、フィードバックの必要性を強調する。決定に信用が置けないから、あらかじめフィードバックのシステムを組み込んでおくことを主張する。また、たとえ大きな成果をあげた決定であったとしても、時間が経過し、状況が変化すれば、必ず陳腐化する。そのためにも、フィードバックは必要だという。

フィードバックのためには、決定を行なった者が自分で出かけて確かめることだという。コンピュータの登場とともに、このことはますます重要になる。決定を行なう者が、行動の現場から遠く隔てられるからである。自分で出かけ、自分で現場を見ることを当然のこととしないかぎり、ますます現実から遊離する。

コンピュータが扱うことができるものは抽象である。抽象されたものが信頼できるのは、それが具体的な現実によって確認されたときだけである。それがなければ、抽象は人を間違った方向へ導く。自分から出かけて確かめることは、決定の前提となっていたものが有効か、それとも陳腐化しており、決定そのものを再検討する必要があるかどうかを知るための、唯一でなくとも最上の方法である。

フィードバックとは、自分の決定が現場でどのような状況を生み出しているかを、決定した当人が、直接、自分の目で見て確認することである。コンピュータによって、その状況を居ながらにして把握できるようになったというが、現場の実情、実態は、その現実に直接ふれることによってしか確認することはできない。

コンピュータを通してあがってくるデータを検討するだけでは、フィードバックにはならない。決定の前提が今日でも通用するか、それとも今では陳腐化しており、したがって、それを前提としていたかつての決定は、とても成果に結びつくものではないから再検討しなければならないかどうかは、現場の現実が教えてくれるのである。

❖評価測定のための基準

意思決定についての、ドラッカーの懐疑的な見方はさらに続く。意思決定は判断である。いくつかの選択肢からの選択である。しかし決定が、正しいものと間違ったものからの選択であることは稀である。せいぜいのところ、かなり正しいものと、おそらく間違っているものからの選択である。はるかに多いのは、一方が他方よりたぶん正しいだろうとさえいえないような二つの行動からの選択である。

意思決定が本当にこの程度のものであるとすれば、それをスタート台とする行動もいい加減なものであり、とても成果にたどりつくことはできない。したがって、それが成果につながるかどうかを判断する評価基準が必要となる。その基準は、事実についての合意からスタートするのではなく、共通の理解と対立する意見、競合する選択肢をめぐる検討から生まれるとドラッカーはいう。

何が事実かという判断はむずかしい。具体的な事象、つまり現実に起きている現象が、そのまま事実というわけではない。だから、何が正しいかの議論からスタートせざるをえない。せざるをえないのであって、事実からスタートするよりはマシだろうということである。

事実を求めるのではなく、意見をたたかわせること、そしてその場合、それぞれの意見について検証を求めること、その意見の前提となる仮説の正しさの証明を求めることを通して、結果についての責任をもたせることが大切である。

このように、評価測定のための適切な基準を見つけ出すことは判断であり、そのためには多くの選択肢が必要とされる。そして重要なのは、満場一致ではなく意見の不一致を生み出すことである。相反する意見の衝突、異なる視点との対話、異なる見方の間の選択があってこそ、最も適切な判断が行なわれるのである。

この意思決定については、仕事のマーケティングに特有なものはない。

これで、「時間」に始まる、従業員が成果をあげるための五つの習慣的な能力についての、ドラッカーの考え方のまとめとそれについての解説は終わることにしたい。

PART 3

パートナーシップの発想

12 コミュニケーション――人間関係を基軸とした情報の交流と相互理解

❖コミュニケーションの原理

ドラッカーは、コミュニケーションには四つの原理があるという。

第一の原理は、コミュニケーションを成立させるものは、コミュニケーションの発し手ではなく受け手だということである。聞く者がいなければ、コミュニケーションは成立しない。

パートナーに対して理解を求める仕事のマーケティングにおいて、コミュニケーションは重要である。パートナーの理解を得ようと一生懸命語りかけても、受け手が聞こうとしなければ、理解を求めようとする側の〝独演〟になってしまう。そうならないためには、どのように話しかけ、どのように話をもっていけば受け手が耳を傾けてくれるかを考え、準備しておかなければならない。それなくして、コミュニケーションを成立させ、受け手の理解を期待することはできない。相互理解なくしてパートナーシップの形成もないとすれば、仕事のマーケティングも失敗に終わるほかはない。

　したがって、コミュニケーションを成立させるためには、受け手の言葉を使わなければならないとドラッカーはいう。受け手の経験にある言葉を使わなければ、説明しても話が通じない。受け手の知覚能力の範囲を越える可能性のあるコミュニケーションを行なおうとするときには、「このコミュニケーションは、受け手の知覚能力の範囲内か、受け手は受けとめられるか」を考える必要がある。知覚能力は、高いか、低いかの問題ではなく範囲の問題である。つまり、受け手の知覚範囲によって、受け手がよく知っているか、理解しているか、また、知りたいか、理解したいかが決まってくる。

　受け手に話を聞いてもらいたければ、受け手の知覚範囲を知り、こちらからその範囲に身を置くようにしなければならない。マーケティングの基本的な発想は、アプローチしようとする相手の立場で考え、行動することである。こちらが受け手の知覚範囲に身を置くというのは、まさにその発想であり、これは仕事のマーケティングにおいても変わらない。

　その発想のもとにコミュニケーションを成立させようとするならば、当然、その範囲内の言葉を使うことによって、自分の話を受け手に通じさせようと努力することになる。そのうえで、理解を求めるのである。

　さらに、ドラッカーはいう。あらゆる事物に複数の側面があることを認識するのは至難である。身をもって確認ずみのことでも、他の側面、裏側や別の面があること、しかもそれらの側面の様子が、自分の見ている側面とはまったく異なること、したがって、それらの側面を見るかぎり、まったく異なる理解をせざるをえないことがある。しかしコミュニケーションを成立させるためには、相手が何を見ているかを知らなければならない。また、それがなぜかを知らなければならない。

仕事のマーケティングにおけるコミュニケーションは、徹底して受け手優先である。一つの事物でも、見方や考え方によっていくつかの側面がある。したがって、発し手が確認したといっても、それはいくつかある側面の一つである場合が多い。また、受け手は別の側面を見ていることが多い。そうなると、同じ一つの事物でも理解の仕方や内容がまったく異なってくる。そのことを知らずに、発し手の立場からアプローチしても無駄である。

コミュニケーションを成立させるためには、受け手がどの側面を見、どう理解しているかを知らなければならない。さらに、なぜその側面を見ることになったのかを知らなければならない。そうすることによって、コミュニケーションは成立する。あくまで受け手の立場を優先することによって、コミュニケーションによる相互理解が可能になり、パートナーシップへと発展していくというのが、仕事のマーケティングの考え方である。

❖受け手は期待しているものしか知覚しない

第二の原理は、われわれは知覚することを期待しているものだけを知覚するということである。見ることを期待しているものを見、聞くことを期待しているものを聞く。期待していないものは受けつけないし、無視してしまう。あるいは間違って見たり、間違って聞いたりする。受け手は、見ることや知ることを期待しているものを見、聞く。期待していないものは拒否するか、間違って受けとめる。ここにも、仕事のマーケティングの基本である受け手の立場を優先するという思考を活用しなければならない。

受け手が期待しているもの以外は拒否され、間違って受けとめられるために、コミュニケーションが成立しないとすれば、受け手が何を期待しているのかを知り、それとかかわらせて、受け手が自分の伝えたいことに興味を示すようにもっていかなければならない。これが仕事のマーケティングの出発点である。

ドラッカーも次のようにいう。人の心は期待していないものを知覚することに対して、また期待するものを知覚できないことに対して抵抗する。したがって、受け手が見たり聞いたりしたいと思っているものを知ることなく、コミュニケーションを行なうことはできない。受け手が期待するものを知ってはじめて、その期待を利用できる。

受け手は期待していないものを聞かされたり、逆に期待しているものを聞かされないことに抵抗する。これは、無視されたり、間違って受けとめられるよりさらにまずい。仕事上のパートナーとして相手をマネジメントしようとする仕事のマーケティングにとって障害となる。

大切なのは、相手の期待を活用することによって、彼が積極的な受け手になってくれることである。それには、相手の期待するところを知らなければならないのであり、そのためにはやはり相手を知り、理解し、その立場を優先するという仕事のマーケティングの思考が必要なのである。

❖コミュニケーションが受け手に要求すること

第三の原理は、コミュニケーションは常に、受け手に対して何かを要求するということである。受け手が何かになることを、何かを信じることを要求する。受け手それぞれの何かをしたいという気持ちに訴えようとする。コミュニケーションは、それが受け手の価値観や欲求の目的に合致したとき、強い力となる。しかし、それらのものに合致しないときは、まったく受けつけられないか抵抗される。

仕事のマーケティングにおいて、コミュニケーションが受け手に要求するのは、仕事のパートナーとして協働して成果をあげることへの理解である。つまり、納得づくで、効果的なコラボレーションを実現することである。それを受け手に訴求するのである。

その訴求は、受け手の価値観や欲求、目的に合致するとき強力なコミュニケーションとなり、受け手もそれを積極的に受け入れる。それにはやはり、仕事のマーケティングの発想である。相手は何を望むか、相手にとっての価値は何か、目的、求める成果は何かから出発しなければならない。

❖コミュニケーションと情報は依存関係にある

第四の原理は、コミュニケーションと情報は別物だということである。両者は依存関係にある。コミュニケーションは知覚の対象であり、情報は論理の対象である。情報は形式であって、それ自体に意味はない。情報は、感情、価値、期待、知覚といった人間的な属性を除去するほど、有効となり信頼性を高める。しかし、情報はコミュニケーションを前提としている。情報の発し手と受け手の間に、あらかじめ、何らかの了解、つまりコミュニケーションが存在しなければならない。

コミュニケーションは人間関係である。人間関係を機軸とした情報の交流と相互理解である。情報は人間的な要素を除去すれば、それだけ有効となり、信頼性を高めるというが、それでは意味がない。人間関係としてのコミュニケーションがあってこそ、情報は意味と生命力をもち、成果を期待できる。仕事のマーケティングは人間関係なくして存在しえない。パートナーシップは人間関係そのものであり、そのための情報の流れはコミュニケーションとして機能して、はじめて効果的に稼働するのである。

❖耳を傾けることはスタートにすぎない

その他、ドラッカーは、コミュニケーションについていくつかのことを述べている。たとえば、次の如くである。

考え方の根本には、コミュニケーションは下から上へ向かうという認識、すなわち、コミュニケーションは発し手よりも受け手からスタートするという認識がある。この認識自体は重要である。しかしそれでも、耳を傾けることは、コミュニケーションにおいてすべてではない。スタートにすぎない。

コミュニケーションは発し手よりも受け手から出発するという認識は、受け手の立場からスタートし、発し手のいうことが受け手に理解されてはじめて、コミュニケーションは成果につながるとするものである。これは、相手、つまりこれまでコミュニケーションの一方的な受け手とされてきた部下との間に、仕事のマーケティングの本質である対等性の関係を導入しようとするものである。

しかし、このせっかくの試みも、発し手、つまり部下の側に、自分の言い分を上司に聞かせるだけではなく、理解させ、納得させるだけの能力がなければ無意味であり、コミュニケーションの効果は期待できない。

❖コミュニケーションの前提となるもの

ドラッカーは、さらにいう。目標と目標によるマネジメントこそ、コミュニケーションの前提である。目標と自己管理によるマネジメントにおいては、「自分はいかなる貢献を行なうべきであると考えているか」が明らかにされる。

こうして明らかにされる考えが、上司の期待どおりのものであることはむしろ稀である。実のところ、目標によるマネジメントの第一の目的は、上司と部下の知覚の仕方の違いを明らかにすることにある。彼らの知覚の仕方が違っていても、それが現実である。実は、こうして同じ事実を違ったように見ていることを互いに知ること自体が、価値あるコミュニケーションなのである。

仕事のマーケティングの本質が、相互に仕事上の対等のパートナーとして、成果につながるパートナーシップの形成にあることはすでに述べたとおりであるが、パートナーシップの形成とは一体化することではない。それぞれに自分の特性を生かしながら協働することで、シナジー効果を目指すことである。

とはいうものの、相互に相手の特性がわからないと、どのようなかたちでパートナーシップを形成するのが最も効果的であるかがわからない。そこで目標によるマネジメントによって、同じ事実を違ったように見ていることをコミュニケーションを通して互いに認識し、それぞれの特性が最も効果的に生きるようにパートナーシップを形成することが、仕事のマーケティングの効果をより大きなものにすることに貢献するのである。

13 リーダーシップ——その本質は行動にある

❖リーダーシップの本質

ドラッカーは、リーダーシップは、いわゆるリーダー的資質とは関係がない。カリスマ性とはさらに関係がない。平凡で退屈なものである。その本質は行動にある。そもそもリーダーシップそれ自体がよいものでも、望ましいものでもない。それは手段である。何のためのリーダーシップかが問題である、という。

企業のいわゆるリーダーについて、カリスマ性があるとか、生まれながらにリーダー的資質の持ち主であったかのように評価されることがあるが、それは間違っている。彼が組織のリーダーシップを自分のものにした結果として、そういわれるだけである。

リーダーシップとは行動であり、彼がどのようなことにリーダー的役割を果たし、組織をいかに先導したかが問われるのであって、リーダーシップ自体はよいものでも悪いものでもない。望ましい方向に組織を動かし、成果をあげたとき、彼はリーダーシップがあるといわれるべきなのである。

したがって、仕事のマーケティングにおいても、どのような意図でパートナーシップの形成に先導的役割を果たし、それをもって何を成したかが問われるのであって、そのためにいかに巧みに相手の理解を得、一緒にやる気にさせたかは問題ではない。そのことが、組織の成果を生み出すことに貢献して、はじめてリーダーシップが認められ、その価値が評価されるのである。

また、仕事のマーケティングの本質は対等性にあるが、それはリーダーシップの行使とは何ら矛盾するものではない。対等の関係のもとで、相手に理解を求め、相手が納得して彼の提案に賛同し、行動を共にしてくれることになったからといって、それだけではリーダーシップが発揮されたわけではない。その結果が組織の成果として評価されて、はじめて彼のリーダーシップが認められるのである。それは、対等性を基本とするリーダーシップであって、両者は何ら矛盾するものではない。

❖リーダーシップは仕事である

では、リーダーシップの本質がカリスマ性でも資質でもないとすると、それは何なのか。ドラッカーは、三つの要件をあげている。

第一は、リーダーシップを仕事と見ることである。効果的なリーダーシップの基礎とは、組織の使命を考え抜き、それを目に見えるかたちで明確に定義し、確立することである。リーダーとは、目標を定め、優先順位を決め、基準を定め、それを維持する者である。もちろん、妥協することもある。

効果的なリーダーシップの基礎は、組織の使命を考え抜き、それを目に見えるかたちで明確に定義することにあるというが、これは文字どおり仕事である。カリスマ性など、まったく無縁なことは明らかであろう。

リーダーシップというと、多くの人々を一つの方向に向けて行動させる主導性のように受けとめられる場合が多い。これは決して間違いではないが、きわめて不十分である。なぜなら、主導していく方向を決め、提示することもリーダーシップの要件だからである。

あらかじめ定められた目標へ向けて、人々をリードしていけばよいのなら、比較的楽である。しかし、リーダーシップの要点はむしろ組織の使命を決定し、それを具体的なかたちで定義するところにある。

仕事のマーケティングにおいて、このことはより困難である。それを決めるに当たっては、リーダーがどんなことを考えているかではなく、リードされる側が何を考えているかを優先しなければならないからである。使命についての考え方が個々バラバラの人々に、さらには組織の使命など無関心の人々に働きかけ、全員の納得を得、それを自分の考え方とすり合わせることによって、組織全体の使命を定義しなければならない。

命令と服従の関係を介入させることはできないし、仮にそれを活用してもメンバーにとって納得のいく、そしてリーダーも満足できる定義などできはしない。定義はかたちだけのものとなり、それへ向けての集団行動など期待すべくもない。

❖リーダーの仕事は明快な音を出すこと

前述のように、リーダーには妥協が必要になることもある。その場合、妥協を受け入れる前に、何が正しく、望ましいかを考え抜く。リーダーの仕事は、明快な音を出すトランペットになることであるとして、ドラッカーは以下のようにいう。

リーダーと似非リーダーとの違いは目標にある。政治、経済、財政、人事など現実の制約によって妥協せざるをえなくなったとき、その妥協が使命と目標に沿っているか離れているかによって、リーダーであるか否かが決まる。リーダーが真の信奉者をもつか、日和見的な取り巻きをもつにすぎないかも、自分の行為によって範を示しつつ、いくつかの基本的な基準を守りぬけるか、捨てるかによって決まる。

妥協はすべてが恥ではない。コトを前に進めようとすれば、妥協もやむをえない場合があるし、潤滑油になることもある。ただし、妥協をしてはならない場合がある。それは、妥協が、あらかじめ定めた使命と目標を変更せざるをえないときである。先にふれたように、効果的なリーダーシップの基礎は、組織の使命を考え抜き、具体的に定義することにある。この点について妥協することは、リーダーシップをないがしろにすることであり、この一線を越えた者はリーダーではありえない。

こうした〝リーダー〟が主導しているグループは、どうでもころぶ日和見集団であり、一体になったとしても何の成果も実現することはできない。これに対して、組織の使命と目標を断じて遵守し、この点についてはまったく妥協の余地のないことを身をもって示す主導者のもとには、その姿勢を範とする真の信奉者が集結する。これこそリーダーシップというべきである。

仕事のマーケティングにおいて、相手を仕事上のパートナーとしてマネジメントするために理解を求める場合、妥協が必要になることもあるだろう。その場合、絶対に譲ってはならないのは、組織の然るべき目標を達成するためにパートナーシップを形成しようとするこの一点である。

組織の目標は断じて守ることを念頭に、相手の立場も考えての妥協であれば、これは、相手は何を望むか、相手にとっての価値は何かを優先しながら、納得づくでの合意を目指すその本質からして当然ともいえる。こうしたかたちでのパートナーシップの形成であって、はじめて、命令と服従の関係ではない、リーダーシップによる仕事のマーケティングが具体化するのである。

❖リーダーシップは責任である

第二の要件は、リーダーシップを地位や特権ではなく責任と見ることである。優れたリーダーは、常に厳しい。コトがうまくいかないとき、そして何ごとも大体においてうまくいかないものだが、その失敗を人のせいにしない。

リーダーシップを手にすることは、自分をリーダーとする相応の人たちについて、組織における命運をにぎっていることにほかならず、もし、特権が許されるとしたら、前述の責任を果たすための権限である。当人を喜ばせるためのものではない。

そして、コトは往々にして失敗する。そのときは、自分の責任として受け入れることである。失敗の理由はいろいろあろう。実際には、彼が直接関与しない原因に起因するものもあろうが、それはすべてリーダーの責任である。その立場にある者の責任である。だからこそ、リーダーとなった者は、喜ぶのではなく覚悟を決めなければならないのである。

仕事のマーケティングにおけるパートナーシップについても、協働した仕事が失敗に終わった場合、その責任はコラボレーションをもちかけた側にある。パートナーシップの形成についてリーダーシップを行使したからである。対等の立場で接触し、相手の理解、納得を得て取り組んだ仕事であったとしても、そして失敗の原因が明らかに相手にあったとしても、それは、相手が何を望み、どんな価値観をもち、何を目的、成果としているかを誤解してアプローチした側の責任である。決してそこから逃げてはならない。

さらに、ドラッカーはいう。真のリーダーは、他の誰でもなく、自分が最終的に責任を負うべきことを知っているがゆえに、部下を恐れない。ところが、似非リーダーは部下を恐れる。部下の追放に走る。優れたリーダーは、強力な部下を求める。部下を激励し、前進させ、誇りとする。部下の失敗に最終的な責任をもつゆえに、部下の成功を脅威とせず、むしろ自分の成功ととらえる。

これは当然である。リーダーにとって、自分の責任を果たせるだけの成果を提供してくれるのは、部下の努力があればこそである。だからリーダーは強力な部下を求め、その成長を支援し、大きな成果をものにしてくれることを期待する。

ところが、似非リーダーは地位や特権に固執するために、成果をあげてくる部下は、自分の立場を脅かす存在、つまりライバルとしてとらえ、足を引っ張ったり、自分のチームから追い出そうとする。しかしその結果、彼を待っているのは成果を果たしえなかった責任であり、地位と特権の剥奪である。自分の仕事は責任を全うすべきことにあると知っているリーダーは、部下をライバル視するようなことはない。

仕事のマーケティングにおいて、パートナーとして組んだ相手が優秀なのは喜ぶべきことである。こちらからもちかけたパートナーシップを稼働させた結果についての最終責任は自分が負うべきことを心得ていれば、これは当然である。

相手が優秀すぎ、自分が見劣りするなどと余計なことを考えて、相手の動きをセーブしようとしたり、パートナーシップの解消をはかったりするのは、コラボレーションの成果についての責任が相手ではなく自分自身にあることを考えれば、きわめておろかしい行為といわなければならない。相手は、協働してより大きな成果を目指すパートナーであって、ライバルではないのである。

❖リーダーシップは信頼が得られることである

第三の要件は、信頼が得られることである。信頼が得られないかぎり、従うものはいない。そもそもリーダーに関する唯一の定義は、つき従う者がいるということである。信頼するということは、必ずしもリーダーを好きになることではない。常に同意できるということでもない。リーダーのいうことが真意であると確信をもてることである。それは、真摯さという誠に古くさいものに対する確信である。リーダーが公言する信念とその行動は一致しなければならない。少なくとも矛盾してはならない。

リーダーは彼につき従う者があってこそのリーダーであり、いくら自分はリーダーだといってみても、またそれに相当する地位にあったとしても、つき従う者がいなければリーダーとはいえない。

リーダーは部下によってつくられる。そして、彼について行こうと部下に思わせるのは信頼である。個人的に彼がとりたてて好きというわけではなく、また彼にすべて同意しているわけではなくとも、少なくとも言行一致という点で彼は信頼できる。だからついて行こうという部下の気持ちが、彼をリーダーにするのである。

仕事のマーケティングにおいて、この信頼感はより重要である。相互に信頼感が醸成されてパートナーシップが形成されるのである。パートナーに対して理解を求めなければならないというが、信頼できない相手をどうして理解できるであろうか。

パートナーシップは形成されるだけでは無意味であり、成果を生むためには維持されなければならない。その鍵となるのが相互の信頼である。一度、これが崩れると、パートナーシップもまた、もろくも崩れることを知らなければならない。きわめて当然のことであるが、相手があってのパートナーシップである。

14 相互依存——責任のないところに信頼もない

❖人との関係に責任をもつ

ドラッカーは、ほとんどの人が、人と共に働き、人の力を借りて成果をあげる。したがって成果をあげるには、人との関係に責任をもたなければならない、という。

今日、個々人の仕事はほとんど企業という組織を通して行なわれる。企業は人と人の組織であると同時に、仕事と仕事の結合によって構成される組織でもある。したがって、個々人の仕事だけを一つひとつ取り上げてみても意味がないのであって、それらが適切に組み合わされることによって成果をあげることができる。

ドラッカーは、人と共に働き、人の力を借りて成果をあげるといっているが、人に力を貸すことによって成果をあげることもある。つまり、仕事と仕事の関係は、一方は力を貸すだけ、他方は力を借りるだけでは成立しない。いわゆるギブ・アンド・テイクの関係が成果を生み出すのである。

それには個々の従業員が、それぞれに他の従業員との関係に責任をもたなければならない。すなわち、仕事についての力の貸し借りが責任をもって行なわれなければならないのである。

これはまさに、相手を仕事上のパートナーとして処遇するという仕事のマーケティングの真髄である。人と共に働き、他人の力を借りなければならないから、他人にも力を貸さなければならない。そうしなければ、成果をあげることはできない。その相互の貸借関係がかたちだけのものではあってはならない以上、個々の従業員は人間関係に責任をもたなければならない。

このように、仕事のマーケティングにおいては相手の力も活用するが、自分の力も提供するという関係がスムーズに進行することを通して、仕事の成果を求めることを意図している。

❖横へのコミュニケーションが成果に結びつく

また、ドラッカーは次のようにもいう。果たすべき貢献を考えることによって、横へのコミュニケーションが可能となり、チームワークが可能となる。自分の生み出すものが成果に結びつくには、誰にそれを利用してもらうべきかとの問いが、命令系統の上でも下でもない人たちの大切さを浮き彫りにする。

企業組織の命令系統といえば、これまでは主として上から下へのコミュニケーションを通して構築されてきた。具体的には、上司がこの仕事をするように部下に命じるというかたちで行なわれてきた。強制システムとでもいえようか。

ところが、自分の仕事が成果に貢献するために、上下関係ではなく同僚の仕事を組み合わせる必要があるという場合には、両者の結合は命令ではなく自発的な横へのコミュニケーションを通して行なわれる。つまり、自分の仕事の結果を同僚の仕事のために活用してもらうことが、組織全体の成果からみて最も適切だと考えたとすれば、彼に声をかけることになろう。さらに、他の同僚の仕事とドッキングすることが、よりよい成果を生むと彼が判断すれば、横へのコミュニケーションはさらに拡大していくことになろう。

仕事のマーケティングは、命令と服従の関係を排除する。上下のコミュニケーションのみを機軸とする強制システムを排除するのである。

では、何によって相互の関係を推進していくかといえば、相手に理解を求めるコミュニケーションである。このコミュニケーションは上から下へ、下から上へ、そして横へと臨機応変の活用が可能である。とりわけ組織という仕組みを前提とするとき、インフォーマルな性格が強いと思われる横のコミュニケーションが大切である。

自分の仕事の結果について説明し、これが企業全体の成果に貢献するには、同僚である個人の仕事に活用してもらうのが最も効果的であることを、理由をあげて説明するのである。そして相手がその説明を受け入れ、納得したとき、横のコミュニケーションが成立したことになる。

❖貢献の重視が人間関係を生産的にする

ただしこのコミュニケーションは、濫用されると組織の運営に支障をきたすおそれがある。それによる仕事の連鎖が許されるのは、実現すべき成果にとって効果的であると判断された場合に限られるであろう。

だから、ドラッカーも次のようにいう。人間関係についての優れた能力をもつことによって、よい人間関係がもてるわけではない。自分の仕事や他との関係において、貢献を重視することによってよい人間関係がもてるのである。こうして人間関係が生産的となる。生産的であることが、よい人間関係の唯一の定義である。

人に好かれる能力、人を魅了する能力、人とうまくやっていく能力など、人間関係を良好なものにする能力があるからといって、それだけでよい人間関係がもてるわけではない。あくまでも仕事がらみである。

自分の仕事と他の人の仕事との組み合わせが、企業への貢献につながることが明らかになったとき、二人の間に良好な人間関係が生まれる。それは逆にいえば、相互に相手の仕事と結合することなくして、成果への貢献がありえないとすれば、自分の仕事、ひいては自分自身の存在価値が無用になることであり、それゆえに相互の関係は不可欠となる。つまり、人間関係が生み出した結果が企業全体の成果に貢献するとすれば、それは生産的であることを意味し、人間関係はさらに強化されることになるのである。

❖よい人間関係は何から生まれるか

仕事のマーケティングにおいて従業員を適切にマネジメントするためには、良好な人間関係が不可欠である。だからといって、命令、服従の関係を利用することでよい人間関係ができるわけはなく、あくまでも自然発生的なものである。

ただし、自然発生的といっても単なる〝仲良しクラブ〟ではない。仕事を通して〝仲良し〟になることが、企業の成果に貢献することによって生まれた関係である。企業にとっての貢献が生み出した人間関係であり、それは生産的であるがゆえに良好なのである。その意味では、よい人間関係というが、シビアな人間関係かもしれない。

これは、以下のドラッカーの言葉により明らかではある。仕事上の関係においては成果がなければ、温かな会話や感情も無意味である。貧しい関係のとりつくろいにすぎない。逆に、関係者全員に成果をもたらす関係であれば、失礼な言葉であっても人間関係を壊すことはない。

しかし、いかにドラッカーの言葉ではあっても、ここまで企業の論理が前面に出てくると疑問をもたざるをえない。これほどまでに徹底しなければ、企業という組織の存続や発展は困難なのだろうか。それは、この後でドラッカーがいっていることとくらべても、あまりにも極端ではなかろうか。

仕事のマーケティングという視点からしても、マーケティングとは本来〝人間臭い〟ものである。だから、ドラッカーも命令と服従を望ましくない人間関係とし、組織が何を望むかではなく、相手が何を望むかを優先することを強調するために、あえてマーケティングの概念を利用したはずである。ここで彼がいっていることは、自ら提唱した仕事のマーケティングのコンセプトと矛盾しているのではなかろうか。

だから以降においては、ドラッカーにも〝温味〟が戻ってくる。彼は次のようにいう。

成果をあげる秘訣は、共に働く人たち、自分の仕事に不可欠な人たちを理解し、その強み、仕事のやり方、価値観を活用することである。仕事とは、仕事の論理だけでなく、共に働く人たちの仕事ぶりに依存するからである。

成果をあげるために不可欠なのは人間関係である。とりわけ、自分の仕事に不可欠な人たちを理解し、その強み、仕事のやり方、価値観を活用することである。その理由は、企業においては一人だけでは成果に結びつく仕事ができないからである。他の人たちの支援と業績に依存せざるをえないのである。つまり、共に仕事に取り組むための相互関係の形成が不可欠である。

より大きな成果に結びつけるためには、その相互関係がより有効に作用することが望ましい。そのためには、仕事を共にする相手を理解し、強みや仕事のやり方、価値観を活用することであり、他方、相手も自分について理解し、自分の強みや仕事のやり方、価値観を知り、それらを活用してくれるよう働きかけることである。

❖相互依存関係が適切に稼働するか

企業という組織における成果は、そこに働く個々人の相互依存関係が適切に稼働するか否かによって大きく影響される。仕事をするのは人間なのである。仕事のマーケティングが要請される大きな理由もここにある。それこそマーケティングの出発点である、相手が何を望むか、相手にとっての価値、目的、成果は何かを、仕事についての良好な相互依存関係を構築するために活用するのである。

相手を仕事上のパートナーとしてマネジメントするに当たって不可欠なのは、相互理解である。相手を理解するうえで、これらのことを知っていなければならないのは当然であるが、同じことについて、自分も相手に知ってもらえるよう努めなければならない。良好な相互依存関係は、相互理解を基本としており、これなくしてそれ以上の展開は期待できないのである。

だから、ドラッカーも、さらにいう。自分の強み、仕事のやり方、価値観、果たすべき貢献を知ったならば、それを誰に知らせなければならないか、誰に頼らなければならないか、誰が自分に頼っているかを考える必要がある。そして考えた結果を、それらの人たちに知らせる必要がある。

前述のように、相手の強み、仕事のやり方、価値観、果たすべき貢献を知り、理解するのは当然だが、意外と意識していないのが、自分自身の強み、仕事のやり方、価値観、果たすべき貢献である。仕事はしているつもりだが、これらのことについてあらためて考えたことがないのである。

❖相手に自分のことを知らせ、理解を求める

しかし、仕事が相互依存関係なくして成り立たないものであるとすれば、自分についてもこれらのことを客観的に認識したうえで、相手に知らせ、理解を求めなければならない。相手とはいうまでもなく、仕事について相互依存関係にある人たち、つまり、ギブ・アンド・テイクの関係にある人たちである。

仕事のマーケティングにおいて、パートナーに対して理解を求めなければならないとしているのは、このことである。パートナーシップの形成はいわば共同作業であり、対等性を基準に、つまり、フィフティ・フィフティの立場から行なわれなければならない。

相手のことはよく知っているが、自分のことを知らせていないのは不公平であり、第一、それでは共同作業は成立せず、パートナーシップは形成されない。仕事のマーケティングが理解を重視するマーケティングである以上、相手のことを理解することはもちろんであるが、自分のことを相手にも理解してもらわなければならない。

その場合、ただ相手が理解してくれるのを待っているのではなく、相互依存関係をもつことが必要になると考えられる相手、つまりパートナーとしたい相手には自分の特性を積極的に開示し、理解を求めていくことが大切である。

だから、ドラッカーはいう。組織内の摩擦のほとんどは、互いに相手の仕事、仕事のやり方、重視していること、目指していることを知らないことに起因する。問題は、互いに聞きもせず、知らされもしないことにある。

これまで述べてきたことが行なわれないために相互依存関係が形成されないならまだしも、組織内での摩擦が生じたりすれば大きなマイナスになる。互いに相手について理解していない者同士が、一緒に組んで仕事をしなければならなくなった場合、動きようがない。

それでも何かしなければならないということで、相手の特性を考えることもなく、もっとも考えてもわからないのだが、ともかく〝オレ流〟で勝手に仕事を始めた場合、ズレが生じ、摩擦が起きる。相手を理解しようとせず、また自分について相手に理解を求める気もなく、行動だけが先に立てば、「あんなわからない奴とは、とても一緒に仕事はできない」ということになる。

この点については相手も同じだが、これは両者ともに問題がある。いずれもが、相互理解なくして相互依存の関係など望むべくもないことを知らなかった、あるいは、無視した結果である。

これは仕事のマーケティングが最も嫌う事態であり、状況である。こんなことになるくらいなら、命令と服従の関係を利用したほうがまだマシである。しかし、仕事のマーケティングはそれを排除し、相互理解をふまえた相互関係によって仕事に取り組み、結果を出すことを意図している。それにもかかわらず、相手を互いに理解しようともせず、また理解されようともせず共同作業をしようとしているのであり、これは仕事のマーケティングの無視であり、否定でもある。

❖信頼と好き嫌いは関係がない

ドラッカーは以下のように総括する。信頼とは好き嫌いではない。信じ合うことである。そのためには、お互いに理解しなければならない。お互いの関係について、お互いに理解しなければならない。お互いの関係について、互いに責任をもたなければならない。それは義務である。

今日の企業組織は、トップや上司の権力によって、すなわち、命令と服従の上意下達型の支配によっては成立しえない。企業を一つの組織たらしめているのは、そこに参加している人々相互の信頼である。

とはいうものの、お互いに相手を知らず、また理解することなしに信頼することはできない。そこで、従業員全員が、少なくとも仕事を共にすることになった者の間においては、相手のことを知り、自分のことを知らしめるための積極的な努力が必要となる。個々人、それぞれによる情報開示である。

その情報によって相手を理解し、自分も理解してもらうことによって相互に信頼が生まれ、それが企業を動かしていく。相手が信頼してくれた以上、その信頼感に対しては責任をもって応えなければならない。責任のないところには信頼もまた存在しえない。

仕事のマーケティングにおいては、相手を仕事上のパートナーとして対応しなければならない。それは権力とは無縁の対等性を本質とし、パートナーシップを形成して稼働させるところに成果を求めようとするものである。

対等であるためには、相互に自分のすべてをさらけ出すことが必要であり、それを背景に理解を求めるところに、パートナーによる信頼が生まれるところとなる。パートナーシップが相互の信頼感によって形成されるものであるとすれば、それを強固なものにし、維持していくためには、信頼感が損なわれることのないよう責任をもち続けなければならない。

15 成長——責任ある存在になることが成長を生む

❖何かを成し遂げたいからこそ働く

ドラッカーは、次のようにいう。人は精神的、心理的に働くことが必要だから働くだけではない。人は何かを、しかもかなり多くの何かを成し遂げたがる。自分の得意なことにおいて、何かを成し遂げたがる。能力が、働く意欲の基礎となる。

人が仕事をするのは、それをしなければ生活ができないからだけではない。人間は本来、何かを成し遂げたいという意欲をもち、とりわけ自分の得意な分野において結果を出したいという意欲を有している。そしてこの意欲と結果が結びついたとき、すなわち、意欲が現実の結果を生んだとき、当人にとって意欲は能力となる。

すると、その能力をさらに活用したいという新たな意欲がわいてくる。この意欲が仕事をよりよく成し遂げたいと志向させ、より大きな結果を目指した行動に駆り立てる。こうした過程を通して能力はさらにアップされ、意欲は一層高められる。これはまさに、当人の成長のプロセスにほかならない。

仕事のマーケティングは、企業という組織における活動を前提としている。したがって前述のように、個々人がそれぞれに能力をアップさせ、意欲を高めたとしても、それだけでは成果につながらない。それらの能力、意欲が仕事というかたちをとり、適切に組み合わされたとき成果を生むことになる。

❖責任こそ成長するための鍵

では、適切な組み合わせは誰がつくってくれるのかといえば、それは個々人の能力と意欲がつくるのである。それらを活用することによって、相手に対して自分への理解を求め、パートナーシップの形成へと向かっていくのである。この過程において、自分への理解を求めるためには、自分自身が何者であるかをまず当人がわかっていなければならない。そして一方において、パートナーにしようとする相手を理解しうるだけの能力も備えていなければならない。パートナーシップの形成にいたるまでのこうした努力、そして能力の活用が、当人を成長させるのである。

ドラッカーは、こうもいう。成長の鍵は責任である。自分に責任をもたせることである。あらゆることがそこから始まる。大事なものは、地位ではなく責任である。責任ある存在になるということは、真剣に仕事に取り組むということであり、仕事にふさわしく成長する必要を認識するということである。

成長を志向するならば、重い責任のある仕事を自分から積極的に引き受けることである。企業という組織のしかるべき地位につくのは自分の力だけでは無理であるが、責任の重い仕事を自分から買って出ることはできる。それを自分のものにすることによって、当人は責任ある存在となり、注目も浴びる。

そうなれば、責任を果たし、結果を出すために一生懸命仕事に取り組まなければならない。その仕事が当人の能力からしていささか荷が勝ちすぎているとしても、担当に決まった以上、何としてもやり遂げなければならない。こうした覚悟で、責任をもって仕事に取り組んでいるうちに、やがて能力もその責任を果たすにふさわしいまでにアップするものである。

❖相手の理解を得るために

仕事のマーケティングにおいて、他人が自分の思いどおりに動いてくれるよう理解を求めるのは、大変困難である。対等性を本質としているから、命令と服従の関係はもちろん、地位の上下関係にモノをいわせることもできない。相手が何を望むか、相手にとっての価値、目的、成果は何かを知ったうえでそれにふさわしいアプローチをすることによって理解を得、パートナーシップの形成にまでもっていかなければならない。

とはいうものの、これらの特性を探り出すのは容易ではない。いわば一人の人間の思考と行動のパターンを裸にしてしまおうというのだから、心理学なり行動科学なりの専門家でもないかぎり、なかなかできることではない。

さらには、肝心の相手が自分自身についてそんなにわかっていないことすらある。それを知るためには、彼の〝自分発見〟を触発するかたちで接していかなければならない。しかしそれが仕事のマーケティングの基本であり、それなくしてパートナーシップの形成はありえないとすれば、これらを明確にするのは自分の責任である。この責任を全うするために苦労し、努力するのも、自分を成長させるために効果的である。

ドラッカーは、次のようにもいう。他の者が行なうことについては満足もありうる。しかし、自分が行なうことについては責任があるだけである。自分が行なうことについては、常に不満がなければならず、常によりよく行なおうとする欲求がなければならない。

自分の担当している仕事に満足があってはならない。満足してしまえば、その仕事の結果はそこまでであり、能力、エネルギーの投入もそこで終わってしまう。しかし、この仕事について、よりよい結果を出すことが自分の責任であるとすれば、そこにあるのはあくなき結果の追求であり、より高度な能力、より大きなエネルギーの投入であって、到達点としての満足は存在しない。

永久に到達することのない満足を目指して挑戦し続けることは、能力をさらにグレードアップし、エネルギーをさらに高性能化する。それは自分が成長することにほかならない。

仕事のマーケティングにおいては、パートナーシップを形成して取り組んだ仕事の成果に満足があってはならない。しかし、この場合は他人と組むことによっての成果の追求であるから、自分は満足しなくとも、パートナーが満足してしまえば、仕事はそれで終わりとなる。

そこで、相手がそこで満足してしまわないよう理解を求め、納得づくで、二人してさらに仕事を続けていくようにアプローチしていかなければならない。つまり説得しなければならないのであり、仕事を進めていくための能力、エネルギーに加えて、パートナーを説得し、自分と〝並走〟してくれるようにもっていくための能力、エネルギーが必要になる。

責任をもって仕事をしようとするならば、自分を前へと駆り立てる能力やエネルギーと、パートナーを説得し理解を得る能力やエネルギーという質の異なる力量を行使しなければならない。これは、彼の能力をアップさせるだけではなく、これまで眠っていた能力を目覚めさせる可能性にもつながるものである。

❖自分の最高のものを引き出す

ドラッカーはまた、以下のようにいう。自分自身を成果をあげる存在にできるのは、自分だけである。他人ではない。したがって、まず果たすべき責任は、自分の最高のものを引き出すことである。それが自分のためである。人は、自分がもつものでしか仕事ができない。しかも、人に信頼され、協力を得るには、自分が最高の成果をあげていくしかない。

ばかな上司、ばかな役員、役に立たない部下についてこぼしても、最高の成果はあがらない。障害になっていること、変えるべきことを体系的に知るために、仕事のうえでお互い依存関係にある人たちと話をするのも、自分の仕事であり、責任である。

人は自分のもつ能力でしか仕事はできないのだから、自分の得意とする能力は何であるかを見きわめ、それを最高度に生かすことを考えるべきである。自分の仕事について成果をあげ、責任を果たすのは自分以外にはいないのだから、仕事が思うように進まない、成果がなかなかあがらないからといって、その原因を他の人との関係に求め、不平や不満を口にしても、自分の責任を回避することはできない。

ただ、何らかの障害が実力を十分に発揮するのを拒む壁になっているとしたら、それを除去するための手を打たなければならないし、あるいは仕事のやり方を変えてみる必要があるかもしれない。この点については、仕事のうえでお互い依存関係にある人たちが気づいていることがあり、その意味でこうした人たちと話すのも仕事のうちであり、責任でもある。

人は、組織において仕事上でかかわりのあるさまざまな人たちと接触する。それがプラスになることもマイナスになることもあるが、いずれにしても自分の成長につながるのである。

❖人の信頼を得るためには

仕事のマーケティングという点から注目すべきは、人に信頼され、協力を得るためには、自分が最高の成果をあげていくしかないという点である。自分の仕事について最高の成果をあげているのは、仕事に関しては能力があり、責任をもって取り組んでいる人たちである。そうであれば、信頼できるパートナーとして協働しても間違いはないと周囲の人々に認められる。

さらに、仕事のうえでお互いに依存関係にある人たちとの間をうまくやっていくのも、パートナーシップを基本とする仕事のマーケティングにおいて不可欠である。その意味で、それも仕事のうちであり、責任をもって遂行しなければならない。自分を成果をあげる存在にできるのは自分だけであって、他人ではないが、組織においては他の人との関係が自分の成果に大きく影響する。

その意味で、周囲のさまざまな人たちとの接触をいかに自分に価値あるものにし、成果の拡大に活用していくかを考える。つまり、周囲の人々との付き合いが、自分の錬磨につながるのである。

ドラッカーは、さらに次のようにもいう。知識労働者も経済的な報酬を要求する。報酬の不足は問題である。だが、報酬だけでは十分ではない。知識労働者は機会、達成、自己実現、価値を必要とする。彼らは、自らを成果をあげる者にすることによってのみ、それらの満足を得ることができる。

知識労働者といえども生活していかなければならない以上、企業のなかにあってそれ相応の給与を求める。これは当然である。だが彼らはそれとともに、あるいはそれ以上に、企業にあって、機会、達成、自己実現、存在価値を得ようとする。つまり成果をあげる機会、その達成に固執し、それに成功した場合、自己実現の欲求を満足させ、組織における自分の存在価値を認識する。

彼らは自らを成果を実現しうる者として自己認識することに大きな満足感を覚えるのであり、企業としては報酬もさることながら、彼らがそうした満足を得られる立場に置いてやることが、その能力を成果をあげるために活用するうえで重要である。

こうしたやり方は、彼ら自身が自分を奮起させることになるため、実力以上の能力を発揮させ、期待した以上の成果をあげることにもつながる。そしてそのことは彼ら自身も満足させ、強制しなくても企業へのロイヤルティの向上につながり、さらに自分のために努力し、がんばろうとする意欲を誘引する。

これは知識労働者にとって、自分自身、意識したり、意図したわけではないにもかかわらず、彼らを知らず知らずのうちに成長させ、さらに大きな成果をあげる者にしているのである。

❖パートナーシップへの挑戦

仕事のマーケティングという観点からみれば、企業という組織社会において、機会を得て成果を出し、自己実現を果たし、自らの価値を認識させるためには、大変な努力とエネルギーを必要とし、自分の能力のすべてを投入したとしても、それが実現する保証はない。

これはほとんど不可能といってよく、また、企業という組織の仕組みは、個々人がただ一人の力でこうした満足が得られないようになっている。したがって、そのために協働し、支援してくれる人との効果的なかかわりが不可欠となる。

最初は自分一人でやってやろうと奮闘したとしても、企業にいるかぎり、それは非常に困難な試みであることがやがてわかってくる。つまり、パートナーシップを形成することの必要性に気づくのである。その場合、共に成果をあげるのに適切と思われる人を探し、彼を説得し、理解を得、納得づくで協力し、支援してもらうようにもっていくというきわめて困難な課題に挑戦しなければならない。しかし、そのためにさまざまな努力をすることが彼を成長させるのである。

16 知識労働者——知識は専門化して、はじめて意味をもつ

❖部下ではなく同僚として処遇する

ドラッカーは、次のようにいう。知識を基盤とする新産業の成否は、どこまで知識労働者を惹きつけ、とどまらせ、やる気を起こさせるかにかかっている。彼らの価値観を満足させ、社会的な地位を与え、社会的な力を与えることによって、活躍してもらわなければならない。そのためには、部下ではなく同僚として、高級な社員ではなくパートナーとして処遇しなければならない。

有能な知識労働者を企業という組織の一員としてとどまらせ、その能力を企業のために活用するには、彼らの価値観を満足させるようにしなければならない。その価値観とは、企業という組織の枠を越えて、その存在が社会的にアピールできることである。そのためには、組織の一員ではあるが、その仕事が社会的に高く評価され、その能力が企業のなかで通用するだけでなく、いわば社会の共有財産として、社会全体に貢献できるような場を用意してやらなければ

ならない。

　彼らの意識は、またその能力を行使するフィールドは、社会にあり、そこで評価される成果をあげることにある。しかし意識は社会にあっても、身分は現実には企業という組織のなかにあるのだから、社会にアピールせんがための彼らの活動は、結局は企業の発展に貢献することになる。だからこそ、会社に惹きつけ、とどまらせ、やる気を起こさせるようにもっていかなければならない。そのためには上司が、彼らを自分の支配下にある部下としてではなく、同僚、パートナーとして接しなければならない。

❖彼らは企業に何を望んでいるか

　これを仕事のマーケティングという視点からすれば、有能な社員については、彼らがその能力を社会にアピールするために、企業に対して何を望んでいるかを明らかにしなければならない。

　社会的な地位を与え、社会的な力を与えるというが、それは具体的にはどのような地位や力なのかを明らかにし、与えるというのではなく、彼らの希望を聞き入れるかたちで用意するのである。そしてこれらの社員に対しては、仕事のマーケティングの基本である対等性を重視し、仕事上のパートナーとして処遇するのである。

　したがって、彼らをある仕事に配属するに当たっても、社命によってその仕事を担当させるのではなく、彼の優れた能力をこの仕事を通して発揮してもらいたいが、パートナーとしてどう考えるかというように、相手の立場に配慮し、その理解を得るように話を進めていくことが大切である。

❖知識社会は上司と部下の社会ではない

さらに、ドラッカーはこのようにいう。知識は専門化して、はじめて有効となる。つまり、知識労働者は組織とかかわりをもたざるをえないということである。組織とは、さまざまな分野の知識労働者を糾合し、彼らの専門知識を共通の目標に向けて動員するための人の集合体である。

中学の最高の数学教師は、中学があってはじめて成果をあげる。製品開発の最高のコンサルタントは、その助言に耳を傾ける組織があってはじめて成果をあげる。最高のソフト設計者は、ハードのメーカーがあってはじめて成果をあげる。しかし逆に、中学は教学教師を必要とし、メーカーは製品開発コンサルタントを必要とし、パソコンメーカーはソフト設計者を必要とする。したがって彼ら知識労働者は、自分を、彼らのサービスを利用する組織と同格の存在として認識する。知識社会とは非階層の社会であって、上司と部下の社会ではない。

知識は専門化してはじめて有効になるというが、これは成果を生むこととイコールではない。むしろ逆であって、知識は専門化すればするほど高度なものとなり、専門知識としての性能はアップするかもしれないが、組織の成果への貢献度という点では一般に低下する。つまり高度に専門化された知識は、それだけでは通常の意味での成果をもたらすことはまず困難である。

では、どうすれば成果に結びつくかといえば、細分化された専門知識を、一つの目的を達成するために集合させることである。具体的にはさまざまな専門知識をもった専門家を集め、彼らの知識を共通の目標を達成するように組織化することによって、はじめて個々の知識は成果につながるのである。

その組織化された専門知識をもつ知識労働者の集合体が企業である。専門知識の持ち主である専門家と企業とは、相互依存関係にある。すなわち、専門家は企業という組織を構成する一員とならなければ、成果を実現することができない。他方、企業はさまざまな専門知識をもった人たちが、自らの組織を構成する知識労働者となってくれなければ成果をあげることはできない。

したがって、知識労働者はかたちのうえでは企業という一組織の被雇用者ということになるが、実際にはギブ・アンド・テイクの関係、つまりトップと、あるいは上司と対等の関係にある。そういう意識をもつ知識労働者が増加してきているとすれば、企業の側も、いわゆる雇用者の側も、それに適応していかなければならない。

ここに、仕事のマーケティングの出番がある。仕事のマーケティングは企業という組織の論理よりも、従業員の立場を優先し、その価値観、求めるところを生かそうとする。命令、従属の関係を徹底して排除し、あくまで対等性にこだわり、上下関係を忌避する。

組織であるからには、仕事を進めるに当たっての序列関係はあるが、それに従事している従業員と企業とが上述のようにギブ・アンド・テイクの相互依存関係にあるとすれば、お互いに相手をパートナーとみなすべきである。

組織を構成する者とその組織に参加する者との違いはあるとしても、仕事に関するかぎり、一方は専門知識を発揮しうる場を提供し、一方はその専門知識を活用することによって、共通の目標や成果の達成を目指すパートナーなのである。パートナーシップが知識労働者の専門性を生かし、企業の存在、発展を可能にするのである。

知識社会が非階層の社会であることは、仕事のマーケティングの理念が最も効果を発揮する社会である。

❖知識組織はオーケストラが理想である

ドラッカーは、さらにいう。知識組織の仕事は、知識を基盤とする。したがって、知識組織は「上司」や「部下」から成る組織ではありえない。見本はシンフォニー・オーケストラである。バイオリンは、オーケストラのなかで最も重要なパートであるが、第一バイオリンの奏者は、ハープ奏者の上司ではない。同僚である。ハープのパートはあくまでもハープのパートであって、第一バイオリン奏者や指揮者から委譲されるものではない。

オーケストラは、さまざまの楽器によって音楽という成果を創造する知識組織である。それは、さまざまな楽器の演奏者という専門家から成る専門家集団でもある。

前述のように、それぞれの演奏者はオーケストラという組織によらなければ交響曲を演奏することはできないが、オーケストラという組織は個々の演奏者なしでは結成できず、いずれの場合も交響曲の演奏という成果を実現することはできない。その意味で、演奏者という個人とオーケストラという組織は相互依存関係にある。

個々の演奏者はオーケストラの〝従業員〟でもなければ、第一バイオリンの奏者、さらには指揮者の部下でもない。また、第一バイオリンがオーケストラにおいて最も重要なパートであるとしても、その担当者がハープ奏者の上司ということはなく、バイオリン、あるいはハープの専門家として同格である。

指揮者は、よりよい演奏を創造するというオーケストラの成果を実現するために全体の調整をはかり、リードする場合もあるが、彼がトップというわけではなく、専門家という点では、それぞれのパートの担当者と同格である。つまり、オーケストラは専門的な組織であり、上下関係はまったくない。それぞれが自分のパートをこなしているうちに、シンフォニーの演奏という成果が生み出されていくのである。

このオーケストラの例は、仕事のマーケティングを説明する例でもある。対等性を本質とするパートナーシップは、誰かの命令によって形成されるものではなく、また、上司の指示によって動くものではない。大体、そこには命令する者、指示する者は存在しない。

では、パートナーシップはどのようにして形成されるかといえば、相手を相互にパートナーとみなす個々人が、自分に対する理解を求め合い、それが受け入れられた結果として生まれるのである。その場合、不可欠なのはパートナーシップを形成する目的や成果についての共通の認識である。

その共通の認識を掲げるのは、オーケストラでは指揮者、企業ではトップということになろうが、彼らはそれを共通のものにするために、メンバー、従業員に強制するのではなく、それぞれが理解してくれるよう調整するのである。それは彼らも共通の認識をもち、同じ成果を目指して行動しようとするパートナーの一人だからである。彼らが配慮するのは、それぞれのパートの奏者が最高の状態で演奏しうることであり、個々の知識労働者が最高の状態で仕事に取り組めることであって、後はパートナーシップが成果へと導いてくれるのである。

❖パートナーシップに命令はない

ドラッカーは、次のようにいう。今後新しく登場してくる問題が、パートナーシップや提携関係のもとにおける諸々の関係のあり方である。これまで組織のエグゼクティブたちは、「命令する」ことに慣れすぎてきた。何をしたいかを考え、それを部下に受け入れさせることに慣れてきた。日本のいわゆるコンセンサス経営でさえ、行なうべきこととして上部が決定したことを組織全体に受け入れさせるための手段だった。今評判のいわゆる参加型経営も同様である。

しかし外部委託の受託者であれ、ジョイント・ベンチャーの相手方であれ、あるいは少数株主となっている企業であれ、パートナーシップにおいては、命令することはできない。もはや「自分は何をしたいか」からスタートしてはならないのである。

これまでの企業のトップは、「自分は何をしたいか」を考え、それを命令によって部下に受け入れさせてきた。つまり命令と服従のマネジメントによって従業員を動かし、上意下達のコミュニケーションによって企業を支配してきた。従業員の考え方を経営に取り入れるというふれこみのいくつかのマネジメント方式が誕生したが、それらも、つまるところ上部の考え方を組織全体に受け入れさせるためのコントロールの手段だった。

しかし、トップが絶対的な権力をもって、自分がしたいように企業を動かし、上司は命令によって部下を従わせる時代は終わった。企業も部下も自分の思いどおりに動いてくれた、トップ、上司にとっての〝よき時代〟は過去のものとなった。

❖「相手は何を望んでいるか」をまず考える

それに代わって登場したのが、「自分は何をしたいか」ではなく、「相手は何を望んでいるか」からスタートする時代である。いってみれば、従業員優位の時代である。従業員が何を望んでいるかをまず明らかにし、それをさまざまな意思決定と行動に反映してこそ成果が期待できるようになったのである。

もちろんその成果もトップが一方的に決定したものではなく、従業員の理解と納得のもとに設定されたものである。つまり、従業員が何を望んでいるかが十分に反映されたものであり、これなくして、今日の従業員はそれを共通目標として動いてはくれないのである。

だからこそ、仕事のマーケティングが求められるのである。「相手は何を望んでいるか」からスタートするのは、まさにマーケティングの基本である。「自分は何をしたい」からスタートするのは単なる販売である。成果をあげようとすれば強力なプレッシャーをかけなければならず、それでも期待どおりの効果はあがらない。

これまで、トップや上司が伝統的に行なってきたのは、後者の考え方による仕事の〝販売〟だったといえよう。だからこれからの仕事のマーケティングにおいては、顧客志向ならぬ〝従業員志向〟のもとに、従業員はどんなやり方で仕事をすることを望んでいるかをまず明らかにし、それを実現するにはどのような組織づくり、仕事の組み合わせ、人の組み合わせが最適であるかを考え、提示していくことが必要になる。

ただしその提示については、従業員の側も自分の要望が優先して取り入れられていると判断し、理解して受け入れたからには、個々に責任をもって自分の仕事をこなしていかなければならない。もはやトップと上司に対する不平や不満は許されない。その意味では、仕事のマーケティングは個人の責任を問うという点においては、むしろ厳しいものがあるといえよう。

❖もはや権力によって組織は成立しない

ドラッカーは、次のようにいう。共に働く人たちのところに行って、自分の強み、仕事の仕方、価値観、目標を話してみるならば、返ってくる答えは、必ず、聞いてくれてよかった、どうしてもっと早くいってくれなかったかである。しかも、それでは、あなたの強み、仕事の仕方、価値観、目標について知っておくべきことはないかと聞くならば、ここでも、どうしてもっと早く聞いてくれなかったかである。

知識労働者たる者はすべて、部下、同僚、チームのメンバーに、自分の強みや仕事の仕方を知ってもらう必要がある。自分が読み手ならば書いてくれるよう、聞き手ならば話してくれるよう頼んでよい。事実、頼んでみれば、よくいってくれた、助かる、どうして早くいってくれなかったのかとの反応がある。

組織は、もはや権力によっては成立しない。信頼が組織を形成し、稼働させる。信頼は相互理解なしには成立しない。相互理解は当然ではあるが、互いに相手のことを知ることから始まる。

しかし、これまでは自分から進んで相手のことを知り、自分のことを知らせようとする試みは行なわれてこなかった。「余計なおせっかいをする奴だ」、あるいは「押しつけがましい奴だ」などと思われはしないかといった遠慮が先に立った。

だが、お互いに相手のことを知らないために相互理解がなく、相互の信頼もないとすれば、これは問題である。信頼していない相手と、どうして一緒に仕事ができるだろうか。相手の強み、仕事の仕方、価値観、目標がわからなくて、どうして協働活動ができようか。これは、相手にとっても同様である。互いに相手の特性を理解して、はじめてそれぞれの特性も生きてくるのであり、シナジー効果も生まれるのである。

仕事をすることが決まったならば、ドラッカーがいうように、自分の特性を知らせ、相手の特性を知ろうと努力し、相手もこれに積極的に対応しようと心がけることが求められる。今日の企業において、仕事は命じられたままにしていればそれでよいというものではなく、個々人が自分の創意、工夫を生かしながら結果を出そうとするものである。

しかも前述のように、知識労働者の仕事は専門化され、細分化されており、他の知識労働者の仕事と組み合わされて、はじめて組織に貢献するアウトプットを生み出すことができる。そしてその組織が信頼を基礎に構成されているとすれば、仕事を共にする相手の特性を知り、自分の特性を相手に知ってもらうことによって、お互いに理解し、信頼しようと努めるのは至極当然である。

❖相手の特性を知ることからスタートする

仕事のマーケティングは、共に仕事をする相手が何を望み、何に価値を認め、何を目的、成果とするかを知ることから始まる。それらを知らずして、相手を仕事のパートナーとすることはできない。また、相手のパートナーになることもできない。そうなればパートナーシップの形成は不可能であり、かたちのうえでは一緒に仕事をしているかのように見えても、それは別々の仕事を同時にやっているにすぎず、個々の専門知識の融合はなく、成果に結びつくことはない。知識労働者としてのせっかくの専門能力の浪費である。

こうしたことがないように、仕事のマーケティングの思考を導入するのであり、それが相互に相手の特性を知ることからのスタートであるとすれば、まず、それを試みなければならない。その場合、あれこれと推測するのではなく、ドラッカーのいうようにストレートに尋ね、自分の特性もストレートに伝えることが、信頼を生み出すという点からしても最も適切である。

実は、多くの場合、相手もそれを期待しているのであり、ここにスムーズにパートナーシップが形成されることになる。そしてそれは、それぞれの専門知識のスムーズな融合を意味するのである。

17 生産性——弱みを無視し、強みに専念する

❖顧客は何に金を払っているか

ドラッカーはいう。知識労働者の生産性向上には、仕事それぞれの再構築だけでなく、システムの一環としての位置づけが不可欠である。そのよい例が、ブルドーザーなどの高額の土木機械へのメンテナンスである。

かつて、この種の土木機械のメンテナンスは、製造や販売とは別の独立した仕事として位置づけられていた。しかし、世界最大の土木機械メーカーであるキャタピラー・トラクターが、顧客は何のために金を払ってくれるのかを検討したところ、答えは、土木機械そのものではないことが明らかになった。当然のことながら、機械が行なうことに対して金を払ってくれたのだ。

顧客にとっては、わずか一時間の故障であっても、工期の関係で、機械の値段をはるかに超える損失を招くことがあった。問題は稼働率だった。つまるところ、仕事は何かへの答えはア

フターサービスだった。そこでキャタピラー社では、稼働率を保証し、直ちに修理や部品交換が行なえるよう、製造段階にさかのぼって仕事の組み換えを行なった。また、アフターサービス担当者に大幅な権限をもたせた。

土木機械メーカーであるキャタピラー社は、顧客は何のために金を払ってくれるかを検討した。最も素直な答えとしては、土木機械を購入した対価として代金を払ってくれるということになろう。しかし、機械自体はただモノとして存在するだけで、金を稼ぎ出してくれるわけではない。それを運転し、動かし、土木工事などに利用することによって、土木機械ははじめて役に立ち、その代償として顧客は金を支払ってくれるのだという答えが出された。これは、かなり正しいように思われた。

しかし顧客の立場から考えてみると、たしかに土木工事に使用することに対して支払うのであるが、問題は稼働率である。仕事の最中に故障し、動かなくなってしまったら、その間工事は中止せざるをえない。ただのモノになってしまった機械に金は払えない。

また、故障が直り、再び機能しはじめたとしても、工事の中止によるロスは取り戻せない。工期に遅れが出ることにでもなれば、顧客は工事の施主からペナルティを要求されても文句はいえないし、あるいは二度とあの業者は使わないということで、大事な仕事を失う破目になるかもしれない。これはすべて機械の故障が招いた損失である。とすれば、顧客にとって最もこわいのは、故障によるロスタイムである。

そうなると、求められるのは高い稼働率の保証であり、これに対して金が支払われているのである。そうだとすれば、製造段階までさかのぼるなどして、故障が起きないことに最大の配慮をするのはもちろん、万一、故障が生じたとしたら、ロスタイムをできるかぎり短く、工事の遅れを最小にするためのアフターサービスの充実が必要であり、顧客はそうしたシステムが完備され、機械の生産性が保証されているという信頼性に金を払うのである。

❖顧客はシステムに金を払っていた

仕事のマーケティングという点からみると、「1」で述べたように、顧客は製品そのものに代金を支払うのではなく、それを消費したり、利用したりすることによって得られたベネフィットに代金を支払うというのは、マーケティングのイロハである。だからこの場合も、顧客は土木機械に支払うのではなく、それが工事で機能を発揮してくれたことに対して支払うというのが正解である。

しかし、それはそうなのだが、現実のケースとなるともうすこし複雑になる。顧客が期待しているのは、ただ機能してくれるだけではなく、少なくとも工事の期間中、故障しないで動いてくれることであり、万一、故障したとしても、ロスタイムをできるかぎり少なくし、工期に遅れが出ない範囲で修理ができるという万全の保守体制である。

機械のことだから、まったく故障の心配がないというわけにはいかない。だから、故障が起きなかったとしても、万一にそなえて常時、アフターサービスの体制を整えておくことが不可欠である。製造段階での機能についての十二分の注意はもちろん、その後のメンテナンスサービス、アフターサービスなど一連のサービスを通して機械が最高の状態で稼働し、高い生産性をあげることへの注力を怠ってはならない。

顧客の代金は高い生産性を維持するための完全なシステムが整備されているという安心を提供してくれることに対して支払われているのである。だから、安心の提供に中心的役割を果たすアフターサービス担当者に大幅な権限が認められているのである。

❖自分の強みをフルに活用する

ドラッカーはまた、次のようにいう。私のクラスにいる技術系のエグゼクティブたちは、例外なく、報告書をつくるために時間の半分以上を費やしているという。つまり、不得意なことに半分以上の時間を使っている。しかも彼らは、報告書というものは、本来何度も書き直さなければならないものだということすら知らない。

ところが、報告書の作成に必要なことを専攻した人たちはいくらでもいるが、自分の強みに注意を払う人はめったにいない。たとえば、ある技術系のエグゼクティブたちは長い時間考えた末、実は自分は一次設計や基本アイデアには強いが、最終段階での細かい詰めには弱いと答えた。そのときまで彼は、誰にもそれをいったことはなかったし、考えたこともなかった。

技術系のエグゼクティブにとって報告書づくりが苦手でありながら、それに時間の半分以上を費やしているというのは、労働生産性からすれば大きなロスである。苦手な報告書づくりに費す時間を彼らの本来の仕事に当てたほうが、その能力のフル活用、労働生産性の向上という点からしてはるかに効果的である。

しかし、報告書の作成は大切な仕事であり、誰かがそれを担当しなければならない。それは、報告書づくりの専門家にまかせればいいのである。彼らは、技術系エグゼクティブ自身が不得手であるにもかかわらず報告書づくりに取り組むより、はるかに速く、また優れた報告書を効率的につくってしまう。

なぜかといえば、それは彼らにとって得意な仕事であり、専門とする仕事だからである。そしてその仕事に専念することは、労働生産性を向上させることでもある。とすれば、技術系エグゼクティブも、報告書づくりの専門家もいずれもが自分の強みをフルに活用することになり、両者が本来の仕事に専念することによって、労働生産性はさらに向上することになる。

とはいうものの、人は往々にして自分の強みと弱みについてじっくりと考えたことはなく、自分自身わかっていないことがあるが、これはぜひとも心得ておくべきである。それは自分のためになることはもちろん、他の人を生かすことになり、労働生産性の向上に大きく貢献するからである。

❖相乗効果が期待できる関係

仕事のマーケティングという点からすれば、このことは相手を仕事上のパートナーとしてマネジメントするに当たって重要である。パートナーシップを形成するに際して、同じ専門分野を得意とする人は避けるべきであろう。なまじ専門分野が同じであるために、ライバル関係が生じやすいからである。

パートナーにしたとしても、同じ専門分野の仕事を一緒にやることは能力やエネルギーの浪費であり、労働生産性にもロスが生じる。半面、専門外の、あるいは不得手な分野は放置されたままになり、この点についてのロスも見逃すことはできない。

したがって、前述の例からすれば、自分の専門とする技術分野の仕事には強いが、報告書づくりはまったくの苦手とする人と、報告書づくりこそ自分の専門であり強みであるとする人とがパートナーシップを形成できれば、ロスはなくなり、労働生産性についても相乗効果が期待できるであろう。

また、同じ技術系のエグゼクティブでも、一次設計や基本アイデアには強いが、最終段階での細かい詰めや応用には弱い人は、一次設計や基本アイデアは今一つだが、最終段階での細かい詰めや応用は得意な人とパートナーシップを組むべきであろう。

ただここで注意したいのは、パートナーシップの形成は互いの強みを生かすことによって相乗効果の実現を意図するものであり、弱みを補い合うものではないことである。そうした組み合わせは、パートナーシップの名に値しないばかりか、ほとんど得るところがないことを知らなければならない。

❖行なうべき仕事は何かを問う

ドラッカーは、次のようにいう。知識労働の生産性向上のために最初に行なうことは、行なうべき仕事の内容を明らかにし、その仕事に集中し、その他のことはすべて、あるいは少なくとも可能なかぎりなくしてしまうことである。

だがそのためには、知識労働者自身が、仕事が何であり、何でなければならないかを明らかにしなければならない。それができるのは知識労働者自身である。知識労働の生産性の向上をはかるには、知識労働者に対し、行なうべき仕事は何か、何でなければならないか、何を期待されているか、仕事をするうえで邪魔なことは何かを問うことが必要である。

ただし、それをするためには、いったい、彼がどのような仕事が得意であり、どのような仕事であれば、能力とエネルギーを積極的に集中するかがわかっていなければならない。

では、それを知っているのは誰か。彼自身のみである。だから、生産性の向上に必要なのは、彼に要請しようとしている仕事は、どういうものかを理解しているか、彼自身の立場からすれば、どういう仕事であれば、能力を発揮することができると考えているか、要請されている仕事を通して、どのような成果が期待されていると承知しているか、その仕事をするうえで何か支障はあるかについて彼自身に尋ねてみることである。

知識労働者に、あらかじめ用意された仕事を強制的に担当させたとしても、成果は期待できない。だからこそ、前述のように直接問いかけ、その仕事についての認識、理解、意欲を確かめ、適しているいると評価したら担当を要請し、納得を得るのである。適していないと判断したら、間違っても担当を強制してはならない。

❖自分自身を知る機会をつくる

仕事のマーケティングからみれば、まさに〝従業員志向〟である。従業員の立場を優先し、彼が満足できる状態で仕事に取り組めるよう配慮している。だから、まず前述のように問いかけ、その答えによって、企業の要請を受け入れるだけの意欲と能力を有しているか、それともほとんど関心がなく、この仕事は彼に向いていないかを評価、判断するのである。

まず仕事があり、それをともかく誰かに担当させようというわけではない。彼自身もまたそうした問いかけに答えることによって、自分が何を得意とし、何を不得手としているか、何が強みで、何が弱みかを知ることができる。

これは、彼が仕事をするときに、得意とし、強みとしているところを生かし、能力をフルに発揮することによって自ら満足できる成果をあげるうえで有効であるとともに、労働生産性のアップにも貢献することになる。

人はこういう機会でもなければ、自分自身について知ることがないのが一般である。したがって、積極的にこうした機会を求めるべきである。そうでないと、企業がせっかく〝従業員志向〟のアプローチをしてきても、それに応えることができず、自分に向いていない仕事を担当することになり、満足とはほど遠い状況で働くことにもなりかねない。

これは当人にとって面白くないだけではなく、労働生産性という点でも得るところはない。仕事のマーケティングの思考が活用できないのは、自分自身の責任でもあるといえよう。

❖知識の組み合わせによって生産性を高める

ドラッカーは、次のようにいう。結合こそ、偉大な芸術家のみならず、ダーウィン、ボーア、アインシュタインなど偉大な科学者の特性である。彼らの結合能力の水準は天賦のものであって、天才という名の神秘きわまる能力の一部かもしれない。だが結合によって知識の生産性をあげることは、かなりの程度学ぶことができる。

偉大な芸術家、偉大な科学者などと呼ばれる人は、すべて天才といってよかろう。その天賦の特別の才能を分析することはできないが、ドラッカーはその才能の一部に結合能力の水準、すなわち知識を結合させる能力が人並みはずれて高いことがあるのではないかという。彼らは意識していたわけではないだろうが、それが天才と呼ばれることに貢献していたのではないかという。つまりいかなる天才でも、知識の断片だけでは使いようがないのであり、そのいくつかが組み合わされることによって、天才と呼ばれる才能の一部を構成していたのではないかというわけである。

ひるがえって、われわれはおしなべて凡才といってよかろう。要するに、普通の人であり、一般人である。天才でさえも何かを生み出す一助として知識を結合させていたとすれば、まして一般人たるわれわれは意識的に知識を組み合わせることによって、生産性を高めるよう努力しなければならない。

おそらく、天才は知識を結合するに当たっても、すべて自前の知識で用が足りたであろうが、われわれはそれぞれに知識の断片をもっているだけであって、すべてを自前で結合させることはできない。そうだとすれば、人と人との組み合わせが必要になる。異なった専門知識をもった人たちが結合されることによって知識が結合され、生産性の向上を可能にするのである。

そのために重要なのが仕事のマーケティングである。対等の立場で仕事上のパートナーシップを形成するというその本質が生かされることになる。異なった専門知識の持ち主同士が、相手を相互にパートナーとするところに知識が結合されるのである。

ただしその場合、単に異なった専門知識を組み合わせればよいというのではなく、目的は仕事の生産性をあげることにあるのだから、それにふさわしい結合、すなわちパートナーシップの形成でなければならない。

そのためには相手の特性を知り、自分の特性を知らせなければならない。相手にとっての価値は何か、目的は何か、求める成果は何かを知り、他方、自分について同様のことを相手に知らせなければならない。

　このようにして相手と自分の専門知識、専門能力を結合することが、生産性をより高めると予測されたら、それぞれをパートナーとすればよい。それでも天才には敵わないであろうが、一般人であるからこそ、結合能力を高めるためのパートナーシップの形成が大切なのである。

18 組織——企業と従業員の関係が変わった

❖今日の企業は昔と何が違うのか

ドラッカーはいう。多様な知識が動員されるという恒常的な組織の出現そのものが、はじめてである。そのような組織の存在を、異常なことではなく、当然のこととする社会もはじめてである。ここで緊急に必要とされているものが、組織にかかわる理論である（筆者注、これは一九六九年初版の『断絶の時代』からの引用であり、内容的にはいささか古くなっているが、考え方は現代に通じるものがあると思われる）。

ここでいう多様な知識が動員される恒常的な組織とは、企業組織である。企業ならば、恒常的な組織として以前から存在していたではないかという反論があるかもしれないが、ドラッカーにいわせれば、それまでの企業のほとんどは肉体労働を提供する人々を雇用する組織であって、ここでいう新しく出現してきた企業とは知識労働を提供する人たちによって構成される組織である。

今日の企業に所属する従業員は頭脳を使って判断することが期待されており、仕事を責任をもって遂行するために知識を活用することが要求されている。

さらに、今日の企業は恒常的な組織として存在しているという点であるが、過去の組織の寿命は短かった。なぜならば、それらは特別の役割を果たすためにつくられたもので、その役割が終わると解散される一時的な存在だったのである。

しかし今日では、企業は大多数の人々が生活と就業を依存し、現代社会における人間の環境になってしまっており、恒常的な存在たらざるをえない。そしてまた現代は、こうした組織の相互依存関係によって成立しているという意味で組織社会である。

❖知識労働者からなる組織の理論

さらに、これまで企業組織にかかわる理論は、T・W・テイラーの科学的管理法、E・メイヨーのホーソン工場での実験などをはじめいくつか開発されているが、その多くは工場労働者、つまり肉体労働を提供する人々を対象としており、そのため、知識労働者によって構成される今日の組織社会に関する理論が求められているのである。

その一つが、仕事のマーケティングである。肉体労働者を中心とする組織を対象に開発された多くの管理論は、命令と服従の関係を機軸とするものであった。ドラッカーによれば、科学的管理法を応用したヘンリー・フォードのT型自動車の工場では、ひとにぎりのボスがいて、彼らは今まで知られていたことは何でも知っており、いかなる命令も実行し、いかなる決定にも従ったのであり、その他には繰り返し同じ作業をする未熟練労働者がいただけだった。そしてフォードは命令を発する唯一の経営者を自認していた。

これに対して、仕事のマーケティングは命令と服従の関係を徹底して排除し、従業員をパートナーとみなし、その理解を求めることで仕事を進める〝従業員志向〟を基本理念とする。

肉体的労働者には命令と服従の関係による支配的管理が通用したが、知識労働者はなぜその仕事が必要なのかを理解し、さらにその仕事が自分の特性を生かすことになるかどうかを評価し、判断し、納得したならば、企業側の要請を受け入れるのである。トップ、上司といえども、対等性を本質とするパートナーであり、その意味では、組織社会での組織に関する理論の一つといえるであろう。

❖組織と知識労働者は持ちつ持たれつの関係

ドラッカーは、次のようにいう。一人ひとりの人間が成果をあげることは、組織にとって必要なだけではない。なぜなら組織は、社会が必要とするものを生み出す手段であると同時に、組織に働く人たちにとっての手段だからである。

企業全体にとっての成果が、そこに働く一人ひとりの人々があげた成果の〝総計〟と考えれば、人々が一生懸命に働き、能力をフルに発揮し、成果をあげるのは企業にとって望ましいことであるのはいうまでもないが、それは、企業に働く個々の従業員にとっても大切なことである。

企業はメーカーであれ小売業であれ、人々が必要とするものを提供することで、その生活の維持を可能にするという点において存在が許されている。したがって高い成果をあげたとすれば、それは当該企業が人々の生活に大きく貢献し、厚い支持を受け、存在価値を高めたことの証明である。

それが前述のように、個々の従業員による成果の集大成であるとすれば、それは彼らの待遇をよくすることにつながるという意味で、自分にプラスをもたらす手段である。大多数の人々が企業に生計の糧を求め、それを保証されているという状況のもとにおいて、企業は自分の生存を支えてくれているのである。つまり両者は、いわゆる持ちつ持たれつの関係にあるといえよう。

この関係を、ドラッカーは以下のように表現している。知識労働者は、組織体があってはじめて職と収入の道が開かれることを知っているし、また組織体が行なう実に多額の投資なくては、彼らの職がありえないことも知っている。しかしまた、まさに事実そのとおりなのだが、組織体のほうとて知識労働者がなくては成り立たないことも彼らは知っている。

ここに、仕事のマーケティングが必要とされる理由がある。もし企業が一方的に従業員に仕事と収入を与える存在であれば、そのマネジメントにマーケティングを応用する理由はないのであり、命令と服従の関係があれば十分である。それを通して、彼らができるだけ大きな成果をあげるよう強制すればよいのである。

問題は、企業の側としても自分たちの働きなくしては存続しえないことを従業員たちが知ってしまっていることである。つまり従業員一人ひとりが成果をあげることは、自分の生活のためでもあるが、企業にとっても不可欠であり、両者は対等の立場にあることを知識労働者は知っている。

そうなると、組織としての企業の思うがままというわけにはいかない。今日の知識労働者は能力さえあれば、他の企業へ移ることは比較的容易になっている。したがって、彼らの多くが当該企業に不満をもち、他の企業へ移ることになれば、成果もまた大幅に移動するということである。

前述のように、企業全体の成果が個々の従業員による成果の〝総計〟であるとすれば、能力のある従業員、つまり大きな成果をあげうる従業員がいなくなることは、企業全体の成果に少なからぬマイナスをもたらす。他方、移動した従業員は、新しい企業でよりよい待遇を受けることになり、能力を十分に活用できる仕事と収入が保証される。つまり、新しい企業をより優れた手段として使いこなすことができるのである。だから、仕事のマーケティングのいうように、組織が何を望むかではなく、従業員としての相手は何を望むかを優先させなければならないのである。

❖やりがいのある仕事

ドラッカーは、次のようにいう。今後マネジメントにとって、個人の価値観と生きがいと意欲を組織のエネルギーと成果に及ぼすことが重要な仕事となる。労働関係論や人間関係論が唱えるような、たんに満足感を与えるだけ、すなわち不満をなくすだけでは不十分となる。

人々が今日のパンに事欠いていた時代には、パンを食べたいが食べられないという不満にさいなまれていた時代には、その不満を除去してやれば、つまりパンを買えるだけの金銭を与えてやれば、当面の満足は得られる。

このように、充足を求めていた時代においては、ともかく生存を維持していけるだけの給与を保証することによって、企業は労働力を確保することができ、従業員もさし迫った不満を解消するために、自分の仕事にエネルギーを集中させた。

その結果として、もはやパンにありつけない心配は永遠に過去のものとなり、それどころかパンがあふれるようになった豊かな時代においては、すなわち生理的窮乏から脱し、欲求が高度化し、ある意味で〝全面開花〟した欲求が満たされることを求めるようになる。

充足の時代から充実の時代への移行であり、この時代は欲求に占める精神的充実のウエートが高くなった時代として特徴づけることができよう。

したがって、従業員は企業に対して、いわゆるやりがいのある仕事を求めるようになる。やりがいのある仕事とは、高い賃金や地位への欲求もあろうが、それよりも、むしろ自分の能力、個性、意欲が生かされ、仕事における自己実現と自己確認が得られることである。こうした時代のマネジメントは、従業員一人ひとりの価値観、生きがい、意欲を生かすことによって、それらを企業により高い成果をもたらすエネルギーに転換していかなければならない。

❖従業員の意欲が企業の成果を拡大させる

これを仕事のマーケティングという点から見ると、生理的窮乏が支配的だった充足の時代には仕事のマーケティングの発想は不要であり、その対極にある命令と服従の関係が従業員の仕事の生産性向上に有効だった。

しかし充実の時代においては、長洲一二教授のいうように、従業員の他律的労働への不満は高まり、自主的能力発揮と仕事の意味を追求する姿勢がますます顕著になっていく。より具体的には、自分の能力と個性に見合ったやりがいのある仕事、納得できる意味のある仕事を求める気持ちをますます強めてくるようになってくる（『経済大国の難問』潮出版社）。

ここに、仕事のマーケティングの発想が要請される。すなわち、組織としての企業が何を望むかではなく、従業員が何を求めるかからスタートするのは、他律的労働を排除することであり、従業員にとっての価値は何か、目的、成果は何かを優先するのは、自主的能力発揮と仕事の意味を追求する姿勢に応えることである。自分の能力と個性に見合ったやりがいのある仕事、納得できる意味のある仕事を求める気持ちに応えることである。

それはまた、従業員を仕事上のパートナーとし、その理解を求めることでもある。その結果、個人の価値観、生きがい、意欲は、組織としての企業の成果を拡大させるエネルギーとなるのである。

❖マネジメント開発から組織開発へ

ドラッカーは次のようにいう。まもなく、個人を組織のニーズに適応させる手段としてのマネジメント開発の関心は薄れ、逆に組織を個人のニーズや意欲、潜在能力に適応させる手段としての組織開発の関心が高まっていく。

ヒト、モノ、カネを経営の三要素などというが、ヒトと、モノおよびカネとの決定的な違いは、ヒトには生命があり、したがって個々の意思も自主的な行動もあることである。それにもかかわらず、ヒトをモノ、カネといった生命も意思もない存在と並立的にあつかってきたのは、企業の側に、たとえヒトにそのような特性があろうとも、モノ、カネと同様に思いどおりにコントロールしてみせるという意欲と自信があったからである。

それは人材、人的資源という呼び方に表れており、企業にとってヒトは材であり資源であって、自分の思うがままに操作しうる存在とされてきた。

とはいっても、ヒトはモノやカネと違って何の働きかけもなしにコントロールできるものではない。したがって長い間、労務管理のテーマはいかにしてヒトを組織としての企業のニーズに適応させるかに置かれ、さまざまな手段、試みが開発されてきた。

それらのなかには、一見、いかにもヒトが自分の意思を反映させるかたちで企業活動に参加するかの如きものもあったが、結局、意図するところは、彼らを企業のニーズに適応させるようコントロールすることにあった。そしてそれらは、ほぼ成功を収めてきた。

ところが今日では、かつて長洲一二教授が次のように予測したことが現実化している。

「自分の労働の意味、社会的存在理由の要求である。そしてそれが満たされていないという疎外感は、単調な部分労働の繰り返しだけを要求される多数の労働者はもとより、技術者ないし多少とも管理者的な地位につきえた少数の好運な労働者にとっても、かならずしも例外ではない。彼らの仕事もまた、企業経営が決定する目的そのものへの懐疑はゆるされず、その枠内での手段合理性の追求だけに従わせられるのだからである。かえって、こうした特別に高い能力と創意とをもつ知的労働者ほど、経営者側からの他律的枠づけに対する不満は大きく、仕事の手段だけでなく目的自体も自主的に決定したいという要求は、一層強くなる可能性が大きい」（前掲書）

ドラッカーがいう、知識労働者が企業の主力となる知識社会の到来である。こうなると、企業としても彼らの人材化、人的資源化をはかるのではなく、逆に個々の従業員のニーズ、意欲、潜在能力を優先し、それに適応した企業の組織化をはかるためにはどうすればよいかを考えなければならない。知識社会においては、知的労働者の不満をかかえたままの経営は困難であり、生産性はダウンし、予定した成果を実現することはできない。

❖相手にとっての価値、目的、成果は何か

ここに、仕事のマーケティングの出番がある。それは、組織が何を望むかではなく、従業員が何を望むかを優先するものであり、組織を個人のニーズや意欲、能力に適応させるという点において、まさに適切な思考である。だから、相手にとっての価値、目的、成果は何かを問うのである。

ドラッカーは、これらが具体的にどのような内容をもっているかについてはふれていないので、もう一度、長洲教授の予測するところを聞いてみよう。

「職場のなかでは、有効需要に置きかえることのできない欲求が労働者に生まれてくる。やりがいのある創造的な仕事を与えよ、労働の社会的意味を明らかにせよ、労働力の質を高めよ、労働力の配置編成と作業遂行に自主性をもたせよ、人間性と環境の破壊に通じる作業は廃止せよという要求は、たんにより多くの賃金をという要求と違って、市場メカニズムでは対処しがたく、また私企業権力の根幹に肉薄するラジカルな要求であり、しかもそれにある程度耳を傾けなければ、能率はおち、企業そのものが成り立たなくなるような、始末に困る要求なのである」(「前掲書」)

始末に困るのは誰にとってかといえば、もちろん企業にとってであり、なぜ困るのかといえ

ば、これらの要求は企業の権力を揺るがしかねないものであり、だからといってこれを拒否すれば、生産性を低下させ、企業自体の存続を困難にするものだからである。

しかし今日、時代は組織を個人のニーズ、意欲、能力に適応させる思考を支持しており、また、ここでは企業対従業員の対立の構図が描かれているが、これも次第に過去のものになりつつある。

さらに、仕事のマーケティングは、両者が相互にパートナーとなる可能性を示唆しており、企業が始末に困るというのも、これらの要求を一方的な不満、攻撃として、また、一方的に解決を迫られている問題として受けとめているからである。しかし、対等性を本質とするパートナーシップの形成という視点から、相互に理解を求めることを認識し合えば、そこに、解決の方向は十分に見出されるであろう。

19 社内関係——パートナーシップの形成が知識の結合効果を生む

❖知識労働者の存在理由

ドラッカーは、次のようにいう。たとえ従業員であっても、誰かの部下として働いている者は、ますます少なくなりつつある。逆にますます多くなっているのが知識労働者である。知識労働者が誰かの部下ということはありえない。同僚である。見習いの段階をすぎれば、自分の仕事については上司よりも詳しくなければならない。さもなければ、無用の存在となる。まさに、組織のなかの誰よりも詳しいことこそ、知識労働者の知識労働者たる所以である。

顧客サービスを担当する技術者は、製品そのものの知識については、エンジニアリング部長より知らない。だが自分の顧客については、はるかに知っている。そして、その知識のほうが、製品についての知識よりも重要なことがある。

知識労働者は、その専門知識によって企業に就労の場を得ている。Aという専門知識とBという専門知識は、どちらが上級でどちらが下級かという評価はできない。異質のものはくらべようがないのであり、あえていえば同等ということになろうか。

したがって、Aという知識を専門とする従業員とBという知識を専門とする従業員は、仮に前者が部長であり、後者が課長という社内での職階上の上下関係はあるとしても、知識労働者としては同等である。専門が違えば、部長といえども課長の仕事に口をはさんだり、指示することはできない。

その理由が、前述のように課長が独自の専門の知識をもっているからであるとすれば、彼は自分の専門については社内の誰にも負けない優れた知識の持ち主であり、また最高の知識の持ち主たるべく努力しなければならない。それではじめて、二人は職階の違いを超えて同僚となる。それぞれの専門知識を活用することで、勤務する企業の生産性の向上のために協働する同僚となる。

顧客サービスを担当する技術者は、製品そのものの知識についてはエンジニアリング部長より下である。これは、当然である。それは、エンジニアリング部長の専門知識だからである。しかし、だからといって、エンジニアリング部長は顧客サービス担当の技術者を部下にし、指示を与えることはできない。なぜなら、エンジニアリング部長は顧客サービス担当の専門については素人だからである。

顧客サービス担当の技術者の専門知識のほうが、エンジニアリング部長のそれより企業にとって役立つことがあり、その逆もある。だから一方は部長であり、他方は平社員であるかもしれないが、知識労働者としてみるかぎり、二人は同等であり、同僚なのである。

したがって、仕事のマーケティングにおいては、従業員同士の関係は仕事上の対等のパートナーなのである。そしてパートナーシップを形成することを通して、企業の生産性を向上させ、より大きな成果をあげようとするのである。そこで役に立つのが相互の専門知識である。異なった専門知識が共通の目的の達成を目指して結合されるとき、シナジー効果が生じるからである。

❖相互理解が知識の結合作用を生み出す

とはいうものの、パートナーシップを形成するのは、専門知識ではなく、それを所有する知識労働者である。知識労働者相互のパートナーシップが、知識の結合効果を生み出すのである。そのためには、強制的に結合させるのではなく、相手の専門知識と人的特性を尊重し、この人物ならば仕事のパートナーとしてふさわしいと互いに納得することがなければならない。つまり、相互理解が不可欠である。その場合、上司、部下といった社内での階層はまったく無関係であり、障害になる場合さえある。あくまで相手は同僚であり、部長、課長は呼称くらいに考えるべきである。

前述のケースを例にあげると、エンジニアリング部長のもとで製造され、顧客に納入された製品が故障し、クレームがきたとする。彼は製品を製造することについてのスペシャリストではあるが、クレーム処理、保守、点検といったことについては、まったく手の打ちようがない。

これに対して、顧客サービス技術者はクレームをつけてきた顧客企業の担当者がどういう特性をもつ人物かを熟知しており、クレームへの対応も適切で、保守、点検の専門家だからいちはやく故障の原因をつきとめ、修理にかかる。その場合、当該製品を製造したエンジニアリング部長の専門知識を借りたほうが、自分の仕事がよりスムーズに進み、完璧を期しうると判断したとすれば、彼に支援を依頼し、共に仕事に取り組むことになる。これが、パートナーシップの形成である。

ところが、エンジニアリング部長が自分の仕事は完璧なはずであり、製品に故障がおきたのは、大方、納入先の扱い方が間違っていたのだろうという気持ちでクレームに対応し、顧客サービス技術者がいろいろ意見を求めてきても、保守、点検は彼らの仕事であり、自分には関係ないなどといった態度をとったりすれば、この企業は確実に顧客企業を失うことになるであろう。

❖「社員こそわが社の宝である」は本心か

ドラッカーはいう。あらゆる組織が「社員こそわが社の宝である」という。ただし、それを行動に表している組織はほとんどない。本気でそう考えている組織はさらにない。ほとんどの組織が、無意識にではあるが、一九世紀の雇用主のように、組織が社員を必要としている以上に社員が組織を必要としているものと信じ込んでいる。

しかし事実上、すでに組織は、製品やサービスと同じように、あるいはそれ以上に、組織への勧誘についてのマーケティングを行なわなければならなくなっている。組織は、人々を惹きつけ、引き止めなければならない。彼らを認め、報い、動機づけしなければならない。そして彼らに仕え、満足させなければならない。

「社員こそわが社の宝である」などとそらぞらしいことをいう企業は多い。しかし大半の企業は心からそう思っているわけではなく、それを行動として具体化している企業もほとんどない。では本心はといえば、次のようなものである。彼らは会社を必要としている。会社なしでは生きていけないのだから、放置しておいても大丈夫である。

しかし、時代は変わってきている。彼らはたしかに会社を必要とし、会社なしでは生計をたてられないかもしれないが、その会社とは当該企業とは限らない。より自分の能力を発揮できる場を用意し、それなりに待遇してくれる企業が他にあれば、ためらいなくその企業に移るであろう。これが、現実である。

そうであれば、製品、サービスについてのマーケティングが顧客の創造と維持に懸命になっているように、これはと思われる人を自社へ勧誘し、さらに現在の社員がこれからも長く勤務してくれるように努めなければならない。それには、彼らの社内での存在価値を認め、それにふさわしい処遇をし、意欲的に働いてくれるようにもっていかなければならない。そして、彼らの立場や考え方を優先し、自社に満足してもらわなければならない。

ただし、これには条件がある。彼らが、優れた専門能力を有する知識労働者である場合である。ドラッカーのいう知識社会においては、企業の命運はどれだけの専門知識をもつ従業員を擁し、彼らの能力をいかに成果に貢献させるかにかかっている。一九世紀の雇用者がドラッカーのいうように考えていたのは、企業の主力が単純労働を繰り返す肉体労働者だったからである。彼らは会社にすがって生活していたが、企業の側はいくらでも取り替えがきいたからである。

だが、知識労働者、それも高度な専門能力をもつ従業員ともなれば、そうはいかない。彼らは自分の優れた専門能力を活用することで、自由に会社を移ることができる。他方、会社の側としては、彼に代わる知識労働者を求めるのは困難であり、大きな損失を被ることになる。したがって、「社員こそわが社の最大の宝である」と本気で考え、それを裏づける具体的行動をとらなければならないのである。

ここで、知識労働者について誤解のないようにしておこう。専門能力をもつ知識労働者というと、いわゆる理系の専門技術者を考えるかもしれないが、その範囲はもっと広い。もちろん、彼らも知識労働者であるが、たとえば営業のスペシャリスト、経理のスペシャリストなども専門能力をもつ知識労働者である。

❖組織と従業員の関係が逆転

そこで仕事のマーケティングであるが、それは、組織が何を望むかではなく、従業員が何を望むかからスタートする。つまり、従業員が組織を必要とする以上に、組織が従業員を必要としている状況を前提としている。だからこそ、彼らを認め、報い、動機づけしなければならないのである。

そのためには、彼らにとっての価値は何か、目的は何か、成果は何かを知らなければならない。それがわかり、一人ひとりの知識労働者の特性にふさわしく処遇してはじめて、認め、報い、動機づけすることができ、自社に対する彼らのロイヤルティを確保することができるのである。そして彼らに仕え、満足させるのも、企業が何を望むかではなく、彼らが何を望むかを優先することによって可能になる。

さらに、企業への勧誘のマーケティングについても、製品、サービスのマーケティングが、消費者の欲求、ニーズを明らかにすることからスタートし、それを満足させることを通して顧客を創造するのと同様、彼らにとっての価値、目的、成果を明らかにし、それらを満足させることによって、企業への誘引をはかるのである。

すでに述べたように、今日のマーケティングにおいては、顧客の創造もさることながら、その維持にウェートがかけられていることからすれば、従業員を入社させたらそれで終わりではなく、その後においても従業員としての彼らとの間に良好な関係が構築できるよう配慮しなければならない。つまり、彼らを惹きつけ、引き止めるのである。

❖マネジメントの仕事は方向づけ

ドラッカーはいう。組織の焦点を使命に合わせ、戦略を定め、実行し、目標とすべき成果を明らかにする人間が必要である。このマネジメントには、大きな力が付与される。しかし知識組織におけるマネジメントの仕事は指揮命令ではない。方向づけである。

組織の焦点を使命に合わせ、戦略を定め、実行し、目標とすべき成果を明らかにする人間とは、トップをはじめとする経営者である。企業という船を目的地に着けるための針路を決定するのが、彼らである。

しかし針路を決定し、航海図を描いただけでは当然のことながら船は動かない。航海に出るためには、それぞれのパートの専門家が自分の仕事を遂行しなければならない。船長だけでは船は動かないのと同様に、トップだけでは企業は動かない。各セクションの専門家である知識労働者が、それぞれの能力を稼働させることによって企業活動が行なわれるのである。

だからといって、彼らが思いのままに動いていたのでは、企業は目標とすべき成果を実現することはできない。船が目的地に着かないのと同様である。そんな事態に陥らないようトップ層には、前述のように企業の進むべき方向を定め、それに向かって全従業員の努力を結集させる力が与えられている。その指し示す方向へ向けて、個々の従業員が自分の専門を生かしながら協働していくのである。

その場合、知識組織においては、トップは指揮命令の権限によって彼らを動かそうと考えてはならない。それぞれの専門家である従業員が、トップが定めた成果をあげるには自分がどのように動けばよいかを自分で判断し、動くのであって、トップの指揮命令に従って動くのではない。

方向づけだけを、つまり針路を示し、後はそれぞれの従業員の判断にまかせながら、結果的には当初の目標である成果を達成していくのがトップのウデというものである。指揮命令しなければ従業員が動いてくれないとすれば、彼はトップとしての資質、能力に欠けているというべきであり、目標とする成果の達成も期待できないであろう。船長の資質も腕もない者が船長になってしまったら、船はどうなるかを考えれば明らかであろう。

トップは方向づけだけを行ない、後は指揮命令によらずに企業が動いていくというのは仕事のマーケティングの発想である。すなわち知的労働者としての従業員は、仕事上のパートナーとしてマネジメントしなければならないのであり、パートナーシップの本質は対等性にある。命令と服従の関係ではなく、パートナーに対しては理解を求めなければならないのである。

トップにとって、従業員たる知的労働者は、専門知識を企業の成果のために提供することの代償として報酬を受けとるパートナーであって、決して企業に雇用してもらっている部下ではない。さらにいえば、トップは方向づけを示すだけだというが、従業員をパートナーとして処遇するならば、なぜそうした決定をしたかについての理解を求め、彼らがそれに納得しているかどうかによって、仕事に対する姿勢も意欲も違ってくる。

これはトップの側からしても、その専門知識、能力をできるだけ効果的に活用するという点においてトクである。さらに、彼らにとっての価値、目的、成果を知ったうえで担当すべき仕事を決めたほうが、これも彼らの専門知識、能力を引き出し、仕事への意欲的な取り組みを促進するうえで大切であり、彼らが満足しながら働いてくれるという点でトクである。これは、知識労働者としての従業員にとってももちろん好ましいことであり、そこにWin - Winのパートナーシップが形成されるのである。

❖人事の要諦

ドラッカーは次のようにいう。間違った人事をされた者を、そのままにしておくのは温情ではない。意地悪である。辞めさせる理由はない。一流の技術者、一流の分析専門家、一流の販売部長は常に必要である。妥当な解決策は、以前のポスト、あるいはそれに相当するポストに戻すことである。

間違った人事をされた者、つまり自分の専門ではなく、能力をまったく発揮できないポストに移動させられた者が、成果をあげられないにもかかわらず、そのままにしておくのは職場での一種のイジメであり、成果をあげられないからといって辞めさせるのはまったく間違っている。

たとえば、一流のエンジニアを営業セクションに回し、彼が業績をあげられないのは当然である。彼は技術専門の知識労働者として、その能力をもって成果に貢献するという目的で、当該組織に身を委ねたはずであり、企業はその能力を活用するために組織に迎え入れたはずである。

これは極端な例であるが、こうした人事の間違いは、企業にとっても専門能力を成果のために活用できないという点で大きなマイナスである。成果をあげるためには、一流の技術者、一流の分析専門者、一流の販売部長は常に必要である。

先にふれたように、社員が企業を必要とする以上に企業が社員を必要としているというのは、こうした一流の専門知識をもつ知識労働者である。しかし、いかに一流の知識労働者といえども、その能力を発揮する場を与えられなければどうしようもないのであり、ドラッカーも能力を発揮するための場を得ることの重要性をたびたび強調している。

したがって、結局は以前のポストにしろ、ポストを移すにしろ、彼らが一流といわれる専門知識をフルに発揮しうる場を用意することである。当該企業が用意しなければ、ライバル企業が準備し、彼らは〝場〟に魅力を感じてためらいなく移動していき、人事への配慮を欠いた企業は大きなロスを被ることになるであろう。

仕事のマーケティングの目的は、一人ひとりの人間の強みと知識によって生産性を向上させることである。そのために組織が何を望むかではなく、相手が何を望むかを優先するのである。

人事の要諦は、そのポストが当該従業員の意欲と能力を最大限に発揮させ、個々の成果を極大化することにある。それに成功すれば、個々の従業員の強みと専門知識を生産性の向上につなげることができる。すでに述べたように、自分の強みに集中し、不得手なことに時間を浪費するなというのは、ドラッカーの持論であり、仕事のマーケティングの目的もこの考え方に沿ったものである。

しかし前述のような人事の不手際は、まったくその逆である。これでは、個々の人々の強みと知識を生産的なものにするのは思いもよらないことであって、ドラッカーが嫌う、不得手なことに時間の大半を費し、生産性を著しく損っていることにほかならない。

ドラッカーがあげている例のようにはっきりしていれば、これは会社の人事が悪いし、解決策も順当なものだと誰もが思うであろうが、現実には、社内の情実がらみで不当な人事が行なわれている例は少なくない。しかしそれでは、企業の生産性を低下させ、思うような成果もあげられない結果になることは明らかである。人事を行なうに当たっては、仕事のマーケティングの目的をいかに具体化するかを、まず第一に考えなければならない。

20 イノベーション——チャンスが常に開かれた組織風土が重要

❖機会はいつもオープンにしておく

ドラッカーはいう。イノベーション（革新）を行なうのは人である。人は組織のなかで働く。したがって、イノベーションを行なうためには、そこに働く人間の一人ひとりがいつでも起業家になれる構造が必要である。起業家精神を中心に、諸々の関係を構築することが必要である。さらには、報酬、報奨、人事を優れた起業家精神に報いるためのものとし、阻害するものとしてはならない。

イノベーションというと、何か突発的な変異が発生し、それをきっかけとして発現するかのように考える向きがあるかもしれないが、組織におけるイノベーションは人が目的志向的に生起させるものである。したがって、イノベーションに期待する企業は、それが成功するかどうかはともかくとして、常にそれを立ち上げやすい組織構造を用意しておくことが大切である。

イノベーションが成功する確率は失敗する確率にくらべてはるかに低く、一種の賭けであって、うまくいけばもうけものというのが実際のところであろう。しかし組織においては、そのための機会はいつもオープンにしておくことが大切である。そしてイノベーションを志向している従業員については、それなりの手を差しのべる準備をしておくことが望ましい。それが報酬、報奨などの刺激であり、イノベーションを生み出しやすい人事での配慮である。

企業によっては、イノベーションなど夢を追うようなものであり、それを追いかけるのは金銭的にも労力的にもロスが大きいとして、意図的にそうした気運を抑えようとすることもある。たしかにイノベーションの追求は、結果的にロスに終わる可能性も大きいが、だからといって、意欲まで押さえつけようとするのは間違いである。

それは、意図したイノベーションそのものは失敗に終わったとしても、そのための機会が常に開かれているという組織風土が大切だからである。そこに働く人々の一人ひとりがいつでもイノベーター（変革者）になれるチャンスがあるという組織風土が、彼らの気持ちを前向きにし、結果的にイノベーションの成功を生み出す可能性を高くすることは無視できない。

❖イノベーションに挑戦できる組織体制

仕事のマーケティングの出発点は、組織が何を望むかではなく、従業員が何を望むかを優先する〝従業員志向〟にある。したがって企業組織に、イノベーションを志向する従業員が多く存在するとすれば、そしてそれを可能にするだけの能力と意欲を彼らが有しているとすれば、組織自体が本来イノベーティブな企業でなかったとしても、そのための場を提供しなければならない。

自社の組織の論理に合わないからといって、その能力、意欲の発揮を意図的に阻害することがあってはならない。むしろイノベーションを中心にさまざまな関係を構築することによって、企業のそれまでの論理を変えていくチャンスとして考えるべきである。それが、従業員の望みを組織の望みに優先させるということである。

さらに仕事のマーケティングの目的である、一人ひとりの人間の強みと知識を生産的にするという点からすれば、個々の従業員がそれぞれの強みと専門知識を生かすことでイノベーションに挑戦しようとしているならば、企業としてはそれを支持する組織体制を組むことが求められる。

その場合、それが結果的に生産性の向上に貢献するかどうかであるが、たとえ成果に結びつかなかったとしても、従業員が強みと知識をフルに活用し、能力を傾注したとすれば、それはそれで十分生産的であったと評価すべきであろう。

イノベーションを行なうのは人であり、人は組織のなかで働くとすれば、彼にとって組織は環境である。ただし、この環境は企業の恣意によって動かせる環境である。その意味で企業は自分の組織をイノベーションの立ち上げにとって、またそれを企図する人にとって好意的な環境にしなければならない。

❖イノベーションには核が必要である

ドラッカーはいう。核とすべきものから外れたイノベーションは霧散する。アイデアにとどまり、イノベーションにはいたらない。ここでいう核とは、技術や知識に限らない。市場であることもある。事実、市場についての知識のほうが、技術についての知識よりもイノベーションの核となる。

イノベーションには核が必要である。さもなければ、あらゆる活動が分散する。イノベーションにはエネルギーの集中が不可欠である。イノベーションにはそれを行なおうとする人たちが互いに理解し合っていることが必要である。そのためにも、統一、すなわち共通の核となるものが必要である。多様化や分散は、この統一を妨げる。

イノベーションには核が必要であり、そこへ人々のエネルギーを集中することによって、イノベーションを生起させ、発展させる。核は一般に技術についての知識を考えがちであるが、実際には市場についての知識の場合が多いという。これはマーケティングの考え方であって、イノベーションの種はいくらでも市場に存在しており、問題はそれを発見し、育てる能力が企業にあるかどうかである。

日本では、イノベーションは最初に技術革新と訳され、それが定着してしまったために、技術と結びつけられがちであるが、意味するところはもっと広い。これは、ドラッカーが企業の二大機能はマーケティングとイノベーションであるとし、後者については事業のあらゆる段階で行なわれ、設計、製品、マーケティング、価格、顧客サービスなどについてのイノベーションがあるとしていることにも明らかである。

そしてイノベーションの核であるが、イノベーションはただ新しい思考や問題意識を生み出しただけでは、それで終わってしまう。それを育成するためには、核となるものが必要となる。

イノベーションは単なる思いつきではなく、イノベーションたらしめるのは総合力である。新しい思考や問題意識を総合力によって育てていくのである。育てていこうとしても、そのための力が分散され、バラバラの方向を向いて発揮されたとしたら不可能である。そのために核が必要になる。それに向けてエネルギーが統合され、集中される標的である。したがって、核はそこへ力を集中すれば、イノベーションへ向けてすべての要素が動き出すキーポイントでなければならない。

ところで、エネルギーを集中するというが、それをもっているのは個々の従業員であり、彼らが一つの標的に向けて力を合わせ、協働してアプローチしていくところにイノベーションの成功がある。核とは、彼らがそれに向けて統一的にエネルギーを投入していく共通の標的なのである。

❖イノベーションの核に向けて集中する

これを仕事のマーケティングの視点で考えてみよう。イノベーションの核に向けて集中するのは、物的エネルギーではなく人的エネルギーである。物的エネルギーの集中は機械的に行なうことができるが、人的エネルギーはそうはいかない。人にはそれぞれ異なった意思があり、行動がある。それにもかかわらず、一つの共通目標に向けて努力を傾注させようというのである。

そのためには、それにかかわる人々が互いに相手をパートナーとみなし、共に核としての目標にアプローチしなければならない。共通の目標へ向けて全力を出し切れと命令しても、人的エネルギーは集中して動くものではない。

必要なのは、理解である。育成しようとしているイノベーションには、こういう効果、効用があり、成功すれば企業の成果にこういうかたちで貢献することができる。その意味で、重要なイノベーションであり、ぜひ実現したい。実現のためのキーポイント、つまりイノベーションの核はここにある。それを全員のアプローチの共通目標としたい。このように、それぞれのエネルギーを集中させることの重要性について理解を求めるのである。

❖協働によるコラボレーション効果

それに、今一つの理解が大切である。それは、共通目標に向けて動く従業員相互の理解、つまり互いに理解し合っていることである。共通目標に向けて統一的行動をとるといっても、全員が同一の仕事をするわけではない。

それぞれの専門知識、能力を適切に組み合わせながら総合力を発揮しようとするのだから、各々が自分の仕事上のパートナーについての専門知識、能力はもちろん、価値観や、何を目的、成果としているかに関して理解していないと、一緒に仕事をするのは困難であり、ひいては全体的な統一的行動に支障が生じ、エネルギーを核に向けて集中できなくなるおそれがある。

ドラッカーはいう。新しいことに取り組むことに決定したならば、直ちにプロジェクト・マネジャーを任命しなければならない。どの技能別部門からであってもよい。いかなる技能ももたなくてよい。しかし、はじめからあらゆる種類の機能を動員できなければならない。

イノベーションに目途がつき、それを企業の新しい事業として展開していくことが決定されたならば、それに携わる人々、つまりその事業を動かしていくために必要な種々の知識、能力をもつ知識労働者が動員されることになる。そして彼らの協働によるコラボレーション効果としての成果をあげていくのである。

といっても、彼らを集めただけでは、コラボレーション効果は発生しない。彼らの専門知識、能力、つまり技能をイノベーションの展開に活用することで、企業が実現しようと企図している成果へ向けて協働させていくための役割を担当する人が必要になる。それが、プロジェクト・マネジャーである。

彼は特別の専門知識や技術をもっているわけではない。しかしグループをまとめていくという点においては、卓越した能力をもっている。その意味では、知識労働者ではあるが、一般にいわれている専門機能をもった専門家ではない。実は、こうした役割は専門家にはあまり適切ではない。

なぜならば、彼らは意識する、しないは別として、自分の専門とする知識や能力をできるだけ活用できるようチームを引っ張ろうとしがちだからである。そうなれば、他のメンバーとしては当然面白くなく、主導権争いが生じ、協働によるコラボレーション効果など期待すべくもない状態になってしまう。

求められているのは、リーダーではなくマネジャーである。マネジャーはグループ・メンバーのバランスをうまくとりながら、個々の専門能力をフルに動員することで、それが成果に結びつくよう支援し、調整することを仕事としている。したがって、プロジェクト・マネジャーが決まって、はじめてプロジェクトが動く。つまり、各人の専門能力がコラボレーション効果を生み出すように調整され、稼働することになる。

❖命令ではなく、納得づくで動いてもらう

これを、仕事のマーケティングの視点からみると、プロジェクト・マネジャーはプロジェクト・メンバーを動員し、彼らの能力をフルに発揮させ、成果へと結びつけていくことが役割だが、それは支援し、調整する仕事であって、命令と服従の関係を利用して彼らをリードしていくリーダーではない。彼とプロジェクト・メンバーは仕事上のパートナーであり、対等である。

それにもかかわらず、動かしていくとなると、説得しかない。理解を得るのである。このプロジェクト・メンバーが生み出された理由は何であり、どういう事業の遂行が求められているか、そしてどのような成果を期待されているかをメンバーの一人ひとりに話し、納得を得るのである。命令で動かすのではなく、納得づくで動いてくれるようにもっていくのである。

さらに、プロジェクト・マネジャーはメンバーの一人ひとりについて、その特性を知っておくことが大切である。それぞれがどのような価値観をもち、何を目的とし、何を成果としているかを知っておくことが、理解を得るために口説き、説得し、納得を得るうえで不可欠である。すなわち、個々の異なった特性をもつメンバーにアプローチしていくに当たって、そのやり方を考えるに当たってきわめて有用である。

そして、マネジャー自身も自分の価値観、目的は何か、何を成果と考えているかについて、メンバーの一人ひとりが理解してくれるように努めなければならない。それはパートナーシップを形成するうえでぜひとも必要である。

21 ベンチャー——人なくして起業してはならない

❖非公式にトップ経営陣をもうける

ドラッカーはいう。はじめは、非公式にトップ経営陣をもうけるほうが賢明である。成長しているベンチャービジネスでは、肩書など必要はない。公表する必要もない。プラス・アルファを払う必要もない。この非公式のトップ経営陣がどのように機能しているかを知るには、一年かそこら待つだけでよい。

その間、トップ経営陣の全員が、自分のやるべき仕事、協力の方法、社長や同僚がそれぞれの仕事を遂行するため、自分がやらなければならないことは何であるかなどを学ぶ。かくして二、三年後、トップ経営陣をもっていることになる。

企業経営には、トップマネジメントが必要なことはいうまでもない。しかしベンチャービジネスにおいては、立ち上げた当初から公式のトップ経営陣を組織し、公表する必要はない。また、不可能である。それは、トップマネジメントを構成すると目される人たちが、それぞれ、何を得意としているか、どういう仕事に最も能力を発揮するか、どういう仕事をやりたがっているか、などということが、まだ明確になっていないからである。

ベンチャービジネスは、完成された大企業にくらべて、トップマネジメントの機能が経営に占めるウエートが大きい。また、企業としての形態を備えていない場合すらある組織を、強力なリーダーシップをもって成果を目指して引っ張っていかなければならない。そしてその成果も、できるだけ早く明確なものを実現しないと、組織の存続がむずかしくなる。

したがって、トップマネジメントの設立も急ごうと考えるかもしれないが、メンバーと目される人たちの特性がわからないままにかたちだけのものをつくっても、リーダーシップは期待できない。経営に占めるそのウエートが高いからこそ、成果に直接的な影響を及ぼすからこそ、その構成には慎重でなければならない。そのため、一応非公式なものをつくり、一年ぐらいは彼らの思うがままにまかせておいたほうがいい。その期間を通して、彼らはお互いに相手を知り、学び、理解することによって、自分の役割を自覚し、適材適所のトップマネジメントが形成されていく。

そうなったら、それをトップマネジメントと認め、リーダーシップを委ね、成果を目指してエネルギーを統合していくのである。この頃には、ベンチャービジネスも企業としての態様を整えているはずである。

❖一人ひとりの強みと知識を生かす

仕事のマーケティングの視点からすれば、その目的は、一人ひとりの人間の強みと知識を生産的にすることにある。トップマネジメントのあり方がストレートに、またシビアに成果に反映するベンチャービジネスにおいては、とりわけメンバー一人ひとりの強みを生産的にすることが大切である。

したがって、相互に仕事上のパートナーとして対等に相手を観察し、パートナーシップを形成しなければならないのであるが、その意図するところは、相互に、相手が仕事を効果的に進めるためには、自分はどのように支援し、どんな役回りを演じればよいかを理解し、納得することにある。

メンバー全員が「俺が！」「俺が！」ではどうしようもない。それぞれが自分を知り、相手を理解すれば、自然に一人ひとりの役どころが決まってくるものである。たとえば、自分がトップになるよりも彼を社長にし、自分は彼を支援する立場に回ったほうが、それぞれの強みと知識を生産的にし、より大きな成果に結びつくであろうということがわかってくるものである。

そして次には、トップマネジメントの考え方に対する、社員一人ひとりの理解を求めなければならない。ベンチャービジネスは一般に、小世帯でスタートする。したがって、機動性に富み、小回りがきくことを強みとしているが、その強みを具体化するためには、トップマネジメントの意図するところを全従業員が迅速に理解し、行動に移し、共通の目標を目指さなければならない。

また、小世帯であることは、トップマネジメントが従業員一人ひとりについて、価値観、そして目的、成果と考えているところを理解しやすいということでもある。この理解が、先に述べたように、機動性に富み、小回りがきくという強みを効果的に活用することにもつながるのである。

❖ホンダの成功、フォードの失敗

ドラッカーはいう。これは、第二次大戦の敗戦後という暗澹たる日本において、本田宗一郎が本田技研工業というベンチャーを始めるに当たって行なったことである。彼は、マネジメント、財務、マーケティング、販売、人事をパートナーとして引き受けてくれる者が現れるまでは、事業を本格化しなかった。彼自身は、エンジニアリングと製造以外は何もやらないことにしていた。この決心が、やがてホンダを成功に導いた。

ここに、ヘンリー・フォードという、さらに昔の、さらに教えられる例がある。フォードは、一九〇三年に事業を始めることを決心したとき、ちょうど、四五年後の本田と同じ決心をした。彼は、苦手なマネジメント、財務、マーケティング、販売、人事を引き受けてくれる適当なパートナーを見つけてからベンチャーを始めた。フォードも本田と同じように、自分がエンジニアリングと製造の人間であることを知っており、自分を二つの分野に限定した。

前項においてドラッカーは、ベンチャービジネスにおいては、スタートしてすぐにトップマネジメントの構成者を決めるのではなく、一定の期間を置いたうえで、適材適所の考え方のもとに、それぞれの得手を生かすかたちで決定すべきことを指摘した。

本項はそれと関連するのだが、創業者でオーナーであり、当該ベンチャーが軌道に乗ったら当然トップになることが決まっているような人物であっても、まず「自分は何が得意で、何が不得意か」を自問自答しなければならない。これは、仕事に関しては自分の強みに集中し、不得意なことに時間を費やしてはならない。今さら、自分を変えようとしてはならない。うまくいくわけがないというドラッカーの持論の実践であるが、それが的を射ていることを証明するためにあげられたケースである。

❖人なくして起業すべきではない

本田宗一郎もヘンリー・フォードも、エンジニアリングと製造に関しては、天才ともいえる能力をもっていた。しかし、他の専門分野についてはまったくの素人だった。これが、既存の大企業に一人の従業員として勤務するのであれば、エンジニアリング部門と製造部門について卓越した才能をもった知識労働者として十二分に通用するであろう。

しかしベンチャービジネスを育て、企業としての軌道に乗せることを目的としているのであれば、これでは不十分である。それにもかかわらず、たとえば、自分はエンジニアリングと製造の分野についてこれだけ卓越した才能をもっているのだから、これを売りものにしてまずベンチャービジネスを立ち上げ、不得手なところは後から徐々に補っていけばよいと考え、本格的展開をはかって失敗した例は少なくない。

しかし本田もフォードも自分の強みに集中し、今さら自分の才能を変えることはできないのだから、不得意なことに時間を浪費すべきではないと肝に命じ、エンジニアリングと製造に自分の仕事を特化した。そして不得意なことに時間を費やすのではなく、その分野については、それを得意とする人をパートナーとして経営に参加させることでカバーし、目算がついたところで事業をスタートさせ、あるいは本格化させた。

卓越した才能の持ち主はたくさんいる。ただしそれは限られた専門分野についてであり、あらゆる分野について卓越している才能の持ち主はまずいない。したがって、自分の限られた専門知識や能力をもってベンチャービジネスを起業しようとするならば、自分の不得意とする分野について優れた専門知識や能力をもつ人たちを探し、彼らが事業に参加してくれることが決まってからスタートすべきである。ベンチャービジネスの最大の資産は人、つまり専門知識であり、能力である。

資金なくして起業する人はいないし、また、できない。調達してこなければならない。ベンチャービジネスにおいては、資金もさることながら、人なくして起業すべきではないし、また、できない。資金同様、〝調達〟してこなければならない。それが、ホンダにおいては藤沢武夫であり、フォードにおいてはジェイムズ・カズンズだった。

仕事のマーケティングの考え方は、ベンチャービジネスにおいてより重要である。自分の不得意な分野を補ってくれる人たちは雇用してやるのではなく、招聘するのであり、関係はもちろん対等である。彼らに参加を拒否されればベンチャービジネスとしての立ち上げや展開はできないのだから、相手が何を望むかをまず優先しなければならない。

もちろん命令と服従の関係ではなく、相手は当方の要望を理解し、納得してはじめて、その優れた専門知識、能力を期待に応えるかたちで提供してくれるのである。そのためには相手の価値観を知り、何を目的とし、成果と考えているかを心得てアプローチすることが大切であり、当方の特性についても理解してくれるよう求めなければならない。

❖フォードの光と影

仕事のマーケティングの思考は、ベンチャービジネスの立ち上げと存続、成長について不可欠のものであるが、それが大企業にまで発展したとき、往々にして忘れられ、なおざりにされることによって業績が下降する例は少なくない。本田宗一郎と藤沢武夫との間がらは、同社が〝世界のホンダ〟になってからも終生変わらなかったが、フォードとカズンズの仲はそうはいかなかったようである。

ドラッカーは、以下のように述べている。「彼が見つけたジェイムズ・カズンズはフォードに劣らず会社の成功に貢献した。一九一四年ころに導入した有名な一日五ドルの日給制、あるいはフォードの先駆的な流通とアフターサービスなど、ヘンリー・フォードが考えたとされているることの多くは、カズンズの考えたものであって、むしろフォードが反対したものだった。そしかしその後、彼は有能なカズンズを疎んじ、一九一七年には、ついに追放してしまった。そのきっかけが、脱T型とその後継車開発というカズンズの主張だった。フォード社は、まさにカズンズの辞任まで成長と繁栄を続けた。しかし、カズンズの辞任の数か月後、かつては自分が何に向いていないかを知っていたヘンリー・フォードが、トップの機能をことごとく手中にしたとき、長い衰退の時代に入った。彼はその後一〇年間にわたって、T型モデルが文字どおりまったく売れなくなるまで、それにしがみついた。フォードの衰退は、カズンズ辞任の三〇年後、恐ろしく若いヘンリー・フォード二世が、事実上倒産した事業を引き継ぐまで続いた」

カズンズをパートナーとしてスカウトしたヘンリー・フォードの選択は正しかった。カズンズはフォードの不得手とするところをカバーし、盟友としてフォード社を急成長させた。同社を成長させるためにフォードが考えたとされているアイデアのほとんどは、彼が案出したものだった。このようにして、パートナーであるフォードを支援したのである。

しかし、フォード社が押しも押されもしない大企業になったとき、フォードは彼の有能さを疎んじ、会社から追放した。そしてトップの機能をすべて一手に掌握した。このときのフォードは、フォード社がベンチャービジネスとしてスタートし、仕事のマーケティングの思考を忠実に実行してきたおかげでここまで発展してきたことをまったく忘れていた。

ちなみにカズンズが追放されるきっかけとなった、脱T型と後継車開発という主張は、ライバルであるゼネラルモーターズの社長に就任したアルフレッド・スローンによって実行された。スローンは、顧客の購買力は高くなっており、実用性だけではなく、各人の好みを反映させたいとする欲求が強くなってきていると判断し、最低価格車から高級車まで、各価格段階に適合する製品系列を打ち出すことによって車にバラエティをもたせ、黒のT型だけのフォード社を抜いてトップメーカーになった。

したがって、結果論ではあるが、フォード社がスタートしたときのように、トップとはいえ、フォードは自分の得意分野であるエンジニアリングと製造に専念し、不得手なマーケティングはカズンズにまかせておけば、この逆転はなかったかもしれない。それにもかかわらず、トップの機能を何もかも抱え込み、ワンマン経営になってしまったところにフォード社の悲劇が生じたのである。

❖製品の意味を決めるのは顧客である

ドラッカーはいう。経営者は、外で、つまり市場で、顧客や自社のセールスマンと過ごし、見たり聞いたりしなければならない。製品なりサービスの意味を決めるのは、顧客であって生産者ではないということを体で覚えなければならない。製品なりサービスが顧客に提供している有用性、効用、価値に関して、たえず問題を提起していかなければならない。

ベンチャービジネスにとり、最大の危険は、製品なりサービスが、何であり、何であるべきか、どのように使われるべきかを、顧客以上によく知っていることである。必要なことは、予期せざる成功を機会と見なし、自分たちの専門に対する侮辱とは見ない姿勢である。マーケティングのあの基本原則を受け入れることである。つまり企業というのは、顧客を改心させることによって対価を得ているのではないということである。顧客を満足させることによって対価を得ているのである。

企業の成果は企業の外にある。とりわけ重要なのが、外部の存在である市場を構成する顧客であるというのはドラッカーの持論である。したがって彼が、経営者は外で見たり聞いたりすることを通して製品なりサービスの意味を決めるという場合の〝外〟とは、顧客であることを認識しなければならない。

そして、顧客が求め、代価を支払っているのは、製品やサービスに対してではなく、それらを顧客が消費し、利用することによって得ている有用性、効用、価値に対してであることを銘記しなければならない。

ところがベンチャービジネスは、自社の事業を支えている製品やサービスが何であり、何であるべきか、どのように買わせるべきか、何のために使われるべきかについて顧客以上によく知っていると述べられているが、これはそう思い込んでいるだけであって、顧客以上によく知っているということはありえない。どのようなベネフィットを求めて買い、消費し、利用するかは、顧客の勝手だからである。

さらに、売り手たる生産者が、製品なりサービスが何であるべきか、何のために使われるべきか、どのように買われるべきかなどを規定するのは僭越以外の何ものでもない。

製品やサービスが、生産者がそうあるべきと決めた以外の用途やベネフィットを求めて購買され、利用された場合、それはマーケティング機会の拡大ととらえるべきであって、専門家集団たる自分たちに対する侮辱と受け止めるのは、とんでもない心得違いである。

さらに、それは顧客が間違っているのだから是正してやろうと試みたとすれば、まったく論外である。しかし、ベンチャービジネスは自分の事業に対する思い入れが強すぎて、往々にしてこうした間違いをおかす危険がある。この点について、経営者は最も心すべきである。

❖顧客の立場が最優先

マーケティングという視点から見れば、仕事のマーケティングであろうと何であろうと、マーケティングは顧客の立場を最優先すべきだということにつきる。したがって、顧客に何かを指示したり、命じたりすることがあってはならない。マーケティングは顧客を満足させることによって対価を得ているのであり、製品、サービスの購買、使用、消費についてあれこれと指示することによって、〝指導料〟を得ているのではない。

顧客が、自社の思惑とは違った行動をとり、製品、サービスについて意図した効用以外のものに関心をもっているとしたら、〝是正〟するのではなく、それを前提とした顧客への満足の提供のあり方を考え、新しいマーケティング機会としてとらえなければならない。

ベンチャービジネスといえども、〝唯我独尊〟ではなく顧客第一でなければならないのはいうまでもないが、往々にして自分の満足を顧客の満足に優先してしまうことがある。ドラッカーも、市場に焦点を合わせていないということが、まさに生まれたてのベンチャービジネスの最大の病気である。これは生まれたてのベンチャービジネスをわずらわす最も深刻な病気であり、絶えざる発展を妨げる病因であると述べている。

ベンチャービジネスを立ち上げるだけなら、それほどむずかしくはない。問題は発展させること、つまり社会に通用する一つの組織としての企業にまで育成することである。これは、ベンチャービジネスとして名乗りをあげたものの、いつの間にか消えていったものがいかに多いかを考えれば明らかであろう。それほど、育つのはむずかしいのである。そしてその原因が市場に焦点を合わせないことにあるとすれば、ベンチャービジネスであるからこそ、よりマーケティング志向でなければならないのである。

おわりに

ドラッカーは、彼のマネジメント論の集大成ともいえる著作『マネジメント』において、「マネジメントとは一種の仕事であり、仕事としてのマネジメントには、独自の熟練機能、用具、技法がある」といい、「結局のところ、マネジメントは実践である。マネジメントの本質は『知ること』ではなく『行なうこと』である。マネジメントの試金石は論理ではなく成果である。マネジメントの唯一の権威は業績である」と述べている。

つまりドラッカー流のマネジメントは、すぐれて実践的であり、日常的であり、ビジネスの具体的展開に活用することで、企業の、またビジネスマンの成果に貢献するものである。ドラッカーという権威によるマネジメント論は、さぞかし高度の論理によって構築されており、難解ではないかという危惧は、まったくの杞憂である。むしろドラッカー自身、実務に役立たない論理的説得は意識的に否定している。

それならば、筆者の手にも負えるのではないか。その語りかけるところのエッセンスを、わかりやすく読者に伝えることができるのではないか。本書の執筆に手を染めるに到ったときの思いであり、動機でもあった。

とはいうものの、彼のマネジメント山脈は広大であり、どこにアプローチの手掛かりを、突破口を求めるかが難問だった。

筆者の専攻はマーケティングである。これは筆者の考えであるが、マーケティングはきわめて実践的な分野であり、企業やビジネスマンの日常の活動、行動に何らかの具体的な示唆を提供し、成果に結びつけるための貢献なくして、その存在価値はないに等しい。これは、ドラッカー流マネジメントが主張するところと相通ずるものがあるのではなかろうか。

そこで、マーケティング的発想を手がかりに、彼のマネジメント山脈に挑戦してみようと考えたのであり、この考えは、ドラッカーが「仕事のマーケティング」というコンセプトを提示し、それを用いて実践的マネジメントについて論述していることを知って、決定的なものとなった。

したがって本書は、「仕事のマーケティング」をキーワードとし、その考え方を活用することによって、ドラッカーのいうマネジメントにアプローチしたものである。だが、彼の広大なマネジメント山脈のすべてを解明することは不可能であり、それができるのは、おそらくドラッカー自身だけではないかとさえ思われる。

しかし、「仕事のマーケティング」を手がかりとすることによって、「知ること」ではなく「行なうことである」という彼の思想にある程度、忠実な書物に仕上がったのではないかと思っている。

ドラッカーが意見を述べたり、書物を著すに当たって、一貫しているのは「実証」である。彼が語りかけていることのすべては、単なる「論」ではなく、彼自身によって「実証」されたものである。

ドラッカーも人間であるから、時には誤った仮説を立てることもあるだろう。しかしそれは、「実証」というフィルターを通すことによってことごとく廃棄されている。したがって、彼の説くところは、いずれも実務の世界において妥当性が評価されたものであり、もちろん「仕事のマーケティング」も例外ではない。

前掲の著作『マネジメント』のまえがきには、「専制にかわるもの」というタイトルがつけられている。「仕事のマーケティング」というコンセプトには、とりわけこの「専制にかわるもの」という思想が色濃く反映されているように思われる。極論すれば、「専制にかわるもの」こそ、「仕事のマーケティング」である。

ドラッカーの著作は、彼自身がいっているように、「知る」ためではなく「行なう」ために書かれたものである。だから本書のまえがきでもふれたが、読者はその内容を行なっていただきたい。それらはすべて実務の世界で実証されたものばかりであるから、安心して活用していただきたい。

彼は最新の著作『実践する経営者』において、組織社会からネットワーク社会へと移行した今日、ビジネスマンに最も必要なのは、自らをマーケティングすることだと述べている。まさに、「仕事のマーケティング」が行なわれるべきときに来ているのである。

また、次のようにもいっている。「本書で述べたことを実行しても、成功するとはかぎらない。だが、本書で述べたことを実行しないで成功することはない」。これは、彼の著作すべてに共通しており、ともかく「仕事のマーケティング」を実行していただきたい。

本書が、ドラッカーのそうした思いを読者に十分伝えていないとしたら、それは筆者の力不足によるものである。ご寛恕をお願いしたい。

出典

本書執筆のために活用したP・F・ドラッカーの著書は以下の通り。出版元はすべてダイヤモンド社である。

『断絶の時代』林雄二郎訳、一九六九年
『マネジメント』野田一夫、村上恒男監訳、一九七四年
『イノベーションと企業家精神』小林宏治監訳、上田惇生、佐々木美智男訳、一九八五年
『非営利組織の経営』上田惇生、田代正美訳、一九九一年
『[新訳]経営者の条件』上田惇生訳、一九九五年
『[新訳]創造する経営者』上田惇生訳、一九九五年
『未来への決断』上田惇生、佐々木実智男、林正、田代正美訳、一九九五年
『[新訳]現代の経営』上田惇生訳、一九九六年
『明日を支配するもの』上田惇生訳、一九九九年
『プロフェッショナルの条件』上田惇生編訳、二〇〇〇年

『チェンジ・リーダーの条件』上田惇生編訳、二〇〇〇年
『マネジメント［エッセンシャル版］』上田惇生編訳、二〇〇一年
『ネクスト・ソサエティ』上田惇生訳、二〇〇二年
『仕事の哲学』上田惇生編訳、二〇〇三年
『経営の哲学』上田惇生編訳、二〇〇三年
『変革の哲学』上田惇生編訳、二〇〇三年
『歴史の哲学』上田惇生編訳、二〇〇三年

［著者］

片山又一郎（かたやま・またいちろう）

1941年、東京生まれ。早稲田大学商学部卒、同大学院商学研究科博士課程修了。現在、高千穂大学商学部教授。
著書に『売ろうとしなくても売れるマーケティング営業』（プレジデント社）、『マーケティングを学ぶ人のためのコトラー入門』（日本実業出版社）、『ドラッカーに学ぶマーケティング入門』（ダイヤモンド社）ほか多数。

ドラッカーに学ぶマネジメント入門

——マーケティング発想が最高の成果をあげる

2004年 7月29日　第1刷発行

著　者——片山又一郎
発行所——ダイヤモンド社
〒150-8409　東京都渋谷区神宮前6-12-17
http://www.diamond.co.jp/
電話／03·5778·7232（編集）　03·5778·7240（販売）
装丁————竹内雄二
製作進行——ダイヤモンド・グラフィック社
DTP————インタラクティブ
印刷————信毎書籍印刷（本文）・新藤（カバー）
製本————川島製本所
編集担当——中嶋秀喜

ISBN 4-478-30068-2
落丁·乱丁本はお取替えいたします